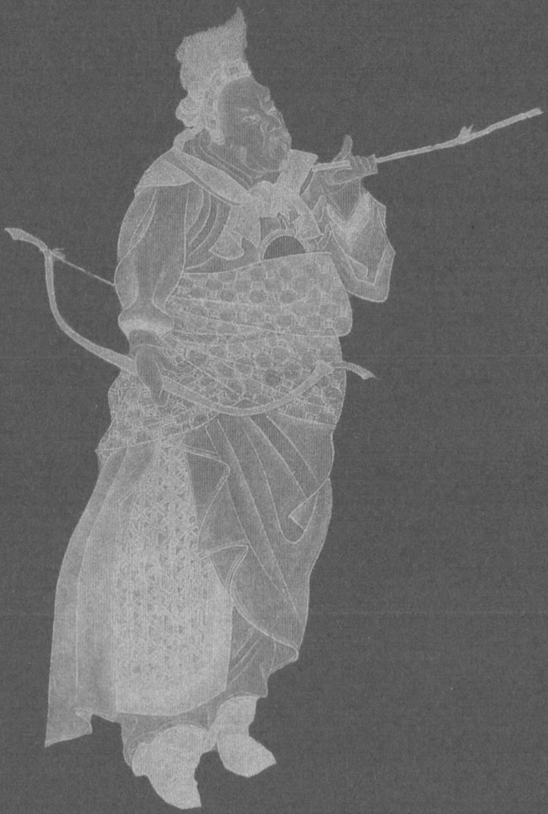

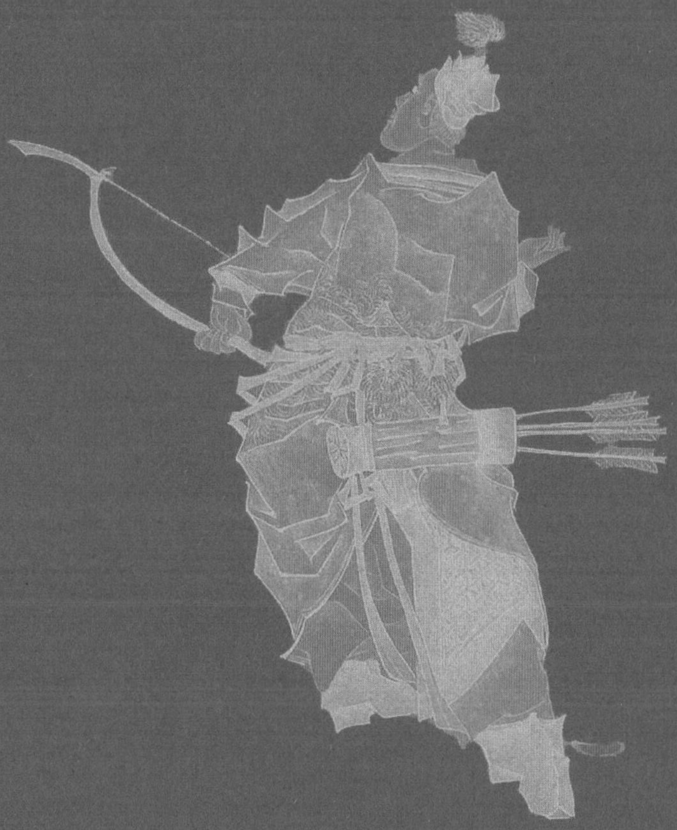

고사성어가 열리는

# 천자문 나무

팬더 컬렉션 / 엮음

圖書出版 明文堂

# 머리말

요즈음 우리나라에서는 2천여 년 동안 사용해왔던 한자가 반세기도 채 안 되는 기간에 완전히 외국어가 되어버린 듯한 생각이 든다. 한글 전용정책과 서구학문에 지나치게 경도되어 한학을 공부하는 학문의 맥이 끊어지다시피 한 것이다.

우리말에서 한자어의 비중이 절대적이므로 한자어의 정확한 뜻을 이해하기 위해 한자를 함께 표기하는 건 중요하다. 표준국어대사전에 실린 표제어 약 51만 개 가운데 한자어는 58.5%로 한글 고유어(25.5%)의 두 배가 넘는 것이 현실이다.

이제 중국은 그 옛날 대국의 명성을 다시 찾아가며 마침내는 미국 다음가는 경제대국으로 부상하고 있다.

지금껏 우리나라에서는 공공연히 영어의 공용화 주장까지 나오는 판에 제2의 우리글이기도 하였던 한자를 병행해서 사용하지 못할 이유가 무엇인가? 중국이 세계 최대 경제대국이 되는 것도 시간문제인 지금에 와서 조금만 더 관심을 기울여 공부하면 2천 년을 사용해 왔던 한자를 더욱 친숙하고 쉽게 이해할 수 있지 않을까?

한글은 세종대왕께서 창제한 세계에서도 가장 훌륭한 우리글임은 누구나 다 알고 있다. 한글과 한자는 상호보완적인 관계라 할 수 있다. 한글은 음을 표기하는 데 탁월한 기능을 가지고 있고, 한자는 뜻을 나타내는 데 뛰어난 기능이 있으므로 한글과 한자를 나란히 씀으로써 낱말에 대해 다시 한 번 생각하게 하는 여지를 남기고, 생각하는 습관을 기르게 한다. 따라서 이 둘을 함께 쓰면 금상첨화(錦上添花)일 것이다.

어느 영문학자는, “영어를 무분별하게 사용함으로써 한글문화가 천박해졌다는 소리는 들어보았으나, 한자를 사용해서 한글의 수준이 낮아졌다는 얘기는 들어보지 못했다.” 고 말하고 있다.

그런데 참으로 놀랍게도 한자 또한 고대 우리 민족이었던 동이족(東夷族)이 만들었다는 주장이 제기되고 있다.

중국의 일부 유명 학자들까지도 한자라는 뜻글자를 창제한 민족이 동이족임을 밝히고 있다. 주역의 괘(卦)를 만든 복희씨가 동이족이고, 최초의 한자라고 일컬어지는 갑골문자 또한 동이족이 세운 은(殷)나라의 문자이기 때문이다. 또한 낱글자 속에 담긴 상수리(象數理)의 이치에 의해 동이족이 한자를 만들었음을 밝혔다.

## 천자문 대서사시(大敍事詩)

《천자문(千字文)》은 흔히 한문을 처음 배우는 사람을 위한 입문서로 알려져 있지만, 그 내용은 단순한 교습서를 넘어 우주와 자연의 섭리, 인간의 도리와 처세의 교훈 등 삼라만상을 함축하여 망라하고 있다.

《천자문》은 중국 남조(南朝) 양(梁)나라 무제 때의 관료인 주흥사(周興嗣, 470?~521)가 글을 짓고 동진(東晉)의 왕희지(王羲之)의 필적 중에서 해당되는 글자를 모아 만들었다고 하며, 사언고시(四言古詩) 250구(句), 합해서 1,000자가 각각 다른 글자로 되어 있다.

황제의 명으로 주흥사가 이 글을 하룻밤 만에 지은 뒤 머리가 하얗게 셌다는 전설과 함께 「백수문(白首文)」이라는 별칭이 있다.

내용은 「천지현황(天地玄黃)」에서 시작하여 「언재호야(焉哉乎也)」로 끝난다. 당나라 이후 급격히 보급되어 많은 서가(書家)에 의하여 써졌으며, 그 중에서도 습자교본으로 가장 유명한 것은, 왕희지의 7대손 지영(智永)이 진서(眞書 : 楷書)와 초서(草書) 두 체로 쓴 《진초천자문(眞草千字文)》 본으로 1109년에 새긴 석각(石刻)이 전하고 있다.

천자문이 한국에 전해진 연대는 확실치 않으나 백제 때 왕인(王仁)이 《논어(論語)》 10권과 함께 이 책 1권을 일본에 전했다는 기록으로 보아 이보다 훨씬 전에 들어온 것으로 추측된다.

우리나라에서 가장 널리 알려진 천자문은 명필 한호(韓濩, 호는 石峯)의 글씨로 1583년 서울에서 간행된 《석봉천자문》이다.

천자문을 배우는 데 있어, 막연히 그냥 외우는 것은 무척 지루할 뿐더러 이해하기도 쉽지 않다. 그래서,

「천자문을 어떻게 하면 재미있고 쉽게 배울 수 있을까?」 하고 생각한 끝에 천자문과 아울러, 교훈 · 경구 · 비유 · 상징어 및 관용구나 속담 등으로 사용되어 일상 언어생활에서의 표현을 풍부하게 해주는 촌철살인의 명언 「고사성어」를 연결해서 공부하면 어떨까 하는 생각에서 《고사성어가 열리는 **천자문 나무**》라는 책을 만들어 보았다.

「천자문 나무」에는 1,000개의 천자문에 가까운 글자 수만큼의 고사성어가 열려 있다. (*글자의 특성상 고사성어가 아닌 단어인 경우도 극히 드물지만 포함되어 있다)

아래 <천자문 나무>는,

「명장은 위엄을 사막에까지 떨쳤는데,
그 명예는 말 달리듯 그림으로써 그려져 후세에 전했다」

선 위 사 막 치 예 단 청
宣威沙漠 馳譽丹青

이렇게 4언고시로 된 천자문 한 자 한 자마다 고사성어가 연계되어 있음으로 해서 이 나무 전체를 머릿속에 기억하는 방식으로 「천자문」과 「고사성어」를 함께 기억할 수 있는 일석이조의 공부 방법인 것이다.

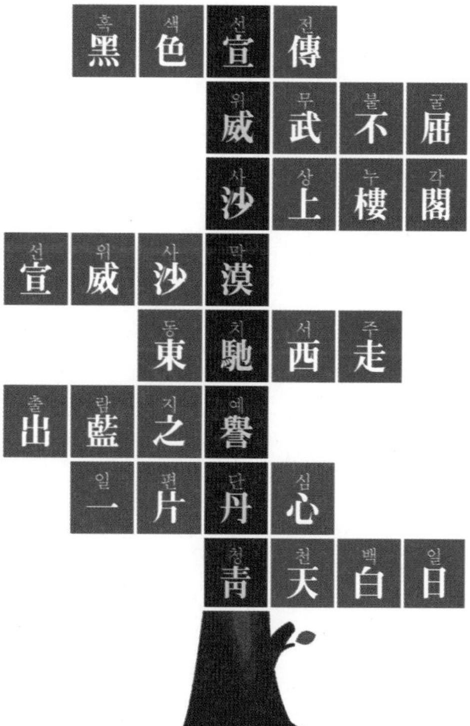

# 목차

광 원 면 막　암 수 묘 명
81. 曠遠綿邈 巖岫杳冥 : 산과 들이 드넓어 아스라이 멀고, 호와 못은 아득하게 깊다 / 70

광 일 미 구 / 원 수 근 화 / 면 리 장 침 / 광 원 면 막 / 암 하 노 불 / 암 수 묘 명 / 칠 종 칠 금 / 명 행 적 식
{曠日彌久 / 遠水近火 / 綿裏藏針 / 曠遠綿邈 / 巖下老佛 / 巖岫杳冥 / 七縱七擒 / 冥行擿植}

치 본 어 농　무 자 가 색
82. 治本於農 務茲稼穡 : 농업으로써 나라 다스리는 근본을 삼으니 백성들은 곡물을 심고 거두는 일에 힘써야 한다 / 82

무 위 이 치 / 발 본 색 원 / 지 어 지 선 / 사 농 공 상 / 개 물 성 무 / 염 자 재 자 / 무 자 식 상 팔 자 / 무 자 가 색
{無爲而治 / 拔本塞源 / 止於至善 / 士農工商 / 開物成務 / 念玆在玆 / 無子息上八字 / 務茲稼穡}

숙 재 남 무　아 예 서 직
83. 俶載南畝 我藝黍稷 : 남쪽 이랑에서 일을 시작하니, 나는 기장과 피를 심었네 / 94

숙 재 남 무 / 천 재 일 우 / 남 귤 북 지 / 우 경 백 무 / 아 전 인 수 / 탐 뢰 무 예 / 서 리 지 탄 / 사 직 지 신
{俶載南畝 / 千載一遇 / 南橘北枳 / 牛耕百畝 / 我田引水 / 貪賂無藝 / 黍離之歎 / 社稷之臣}

세 숙 공 신　권 상 출 척
84. 稅熟貢新 勸賞黜陟 : 익은 곡식으로 세금 내고 새 곡식으로 종묘에 제사를 지내는데, 권면하여 상을 주거나 벌주어 내치기도 한다 / 106

세 숙 공 신 / 심 사 숙 고 / 유 정 지 공 / 백 두 여 신 / 권 선 징 악 / 논 공 행 상 / 출 척 유 명 / 권 상 출 척
{稅熟貢新 / 深思熟考 / 惟正之貢 / 白頭如新 / 勸善懲惡 / 論功行賞 / 黜陟幽明 / 勸賞黜陟}

맹 가 돈 소　사 어 병 직
85. 孟軻敦素 史魚秉直 : 맹가는 본바탕을 돈독히 닦았으며 사어는 직간을 잘 하였다 / 116

맹 모 삼 천 / 맹 가 돈 소 / 온 유 돈 후 / 회 사 후 소 / 삼 동 문 사 / 수 어 지 교 / 병 촉 야 유 / 불 문 곡 직
{孟母三遷 / 孟軻敦素 / 溫柔敦厚 / 繪事後素 / 三冬文史 / 水魚之交 / 秉燭夜遊 / 不問曲直}

# 千字文 나무

## 76. 宣威沙漠 馳譽丹青 (선위사막 치예단청) 宣威沙漠 驰誉丹青

❶ 黑色宣傳 (흑색선전)

❷ 威武不屈 (위무불굴)

❸ 沙上樓閣 (사상누각)

❹ 宣威沙漠 (선위사막)

❺ 東馳西走 (동치서주)

❻ 出藍之譽 (출람지예)

❼ 一片丹心 (일편단심)

❽ 青天白日 (청천백일)

# 풀이

## ❶ 黑色宣傳(흑색선전)

黑色宣傳 검을 **黑** 빛깔 **色** 베풀 **宣** 전할 **傳**

출처를 위장하거나 밝히지 않는 선전.

비밀선전이라고도 한다. 적국의 국민이나 군인으로 하여금 전의(戰意)를 상실하게 하거나 사기를 저하시켜 정부나 군대를 불신하게 함으로써 국민과 정부, 군대와 국민 간을 이간할 목적으로 행한다.

유령단체의 이름이나 타정부 · 타단체의 이름을 도용하고, 출처를 밝히지 않고 실시하는 비합법적인 선전을 말한다.

마타도어(matador)라고 하는데, 근거 없는 사실을 조작해 상대를 중상모략하면서 내부를 교란시키기 위한 목적으로 행한다. 투우(鬪牛)에서 소를 유인해 정수리를 찔러 죽이는 투우사를 뜻하는 스페인어 「마타도르(matador)」에서 유래한 것이다.

마타도어는 주로 사설정보지를 통해 구색을 갖춘 뒤 트위터 등 SNS를 통해 유포되는 경우가 많은데, 지도자를 뽑는 중요한 선거 등의 경우 당락에 결정적 영향을 미칠 정도로 파급력이 높기 때문에 유권자들은 이에 대한 세심한 판단력을 요한다.

## ❷ 威武不屈(위무불굴)

威武不屈 위엄 **威** 굳셀 **武** 아닐 **不** 굽을 **屈**

어떠한 위엄이나 무력에도 굴복하거나 꺾이지 않을 정도로 위풍당당함을 뜻하는 말이다.

맹 자

전국시대 맹자는 공자 다음으로 명성이 높은 유가의 대표 인물로서 아성(亞聖)으로 불리고 있다. 그의 문장은 그 기세가 웅장하여 마치 장강(長江)의 흐름처럼 거침이 없다. 그는 유가학설을 계승하여 「인의(仁義)」로 천하를 다스리고 사람들의 일상 행위를 규범화할 것을 주장했으며 「인의」를 완전무결한 도덕규범으로 추앙했다.

《맹자(孟子)》 등문공하에 있는 말이다.

하루는 종횡가(縱橫家)의 학자인 경춘(景春)이 맹자를 찾아와 공손연(公孫衍)과 장의(張儀)의 위세를 예로 들어 그들이 진정한 대장부(大丈夫)라고 하며 이렇게 말했다.

「공손연과 장의는 참으로 대장부가 아니겠습니까. 그들이 한번 노하면 제후들이 행여나 싶어 겁을 집어먹고, 그들이 조용히 있으면 온 천하가 다 조용합니다」

공손연과 장의는 역사적으로 너무도 유명한 맹자시대의 변사들이다. 경춘의 말처럼 그들이 한번 반감을 가지면 상대는 잠을 편히 자지 못하고, 그들이 조용히 있으면 천하도 따라 조용한 형편이었다. 출세가 사나이의 전부라고 한다면 그들이야말로 사나이 중의 사나이라 할 수 있다. 그러나 맹자가 보는 눈은 달랐다.

「그들이 어떻게 대장부일 수 있겠는가. 그대는 예(禮)를 배우지 않았던가. 장부가 갓을 처음 쓰게 될 때는 아버지가 교훈을 주고, 여자가 시집을 가면 어머니가 교훈을 주는데, 어머니는 대문 앞에서 딸을 보내며 이렇게 말한다. 『너희 집에 가거든 공경하고 조심하여 남편에게 어기는 일이 없게 해라』 남에게 순종함으로써 정당함을 삼는 것은 첩이나 아내가 하는 길이다」

이것은 공손연과 장의가 집권층의 비위에 맞게 갖은 아부와 교묘한 말재주로 상대의 마음을 낚아 자기 목적을 달성하는 것이 마치 교활한 첩이나 영리한 아내가 남편에게 하는 그런 수법과 다를 것이 없다는 것을 통렬히 비난한 것이다. 그리고 맹자는 그가 생각하고 있는 대장부의 정의에 대해서 이렇게 말했다.

「천하의 넓은 집에 살면서, 천하의 올바른 자리에 서고, 천하의 대도(大道)를 행한다. 뜻을 얻으면 백성과 더불어 하고, 뜻을 얻지 못하면 홀로 그 도를 행한다. 부귀도 그 마음을 흩뜨리지 못하고, 빈천도 그 마음을 변화시키지 못한다. 위력이나 무력도 그를 굽히게 하지 못하니, 이런 사람을 일러 대장부라고 하는 것이다(威武不能屈 此之謂大丈夫)」

범인이 보는 대장부와, 철인이 보는 대장부와는 이처럼 많은 차이가 있다. 과연 어느 쪽이 참다운 「대장부」이겠는가. 「위무불굴」은 좁게는 어떤 위엄이나 무력에도 굴하지 않는다는 뜻이지만, 넓게는 부귀공명이나 빈천, 위협 등에도 전혀 흔들림이 없는 대장부의 크고 떳떳한 기상을 이르는 말이다. 같은 표현으로 「불요불굴(不撓不屈)」, 「백절불굴(百折不屈)」, 「견인불발(堅忍不拔)」 등이 있다.

## ❸ 沙上樓閣(사상누각) 沙上楼阁 모래 **沙** 위 **上** 다락 **樓** 문설주 **閣**

모래 위에 세운 다락집. 곧 기초가 약하여 자빠질 염려가 있거나 오래 유지 못할 일. 또 실현 불가능한 일을 비유한 말.

내용이 없는 문장이나 쓸데없는 의론(議論), 진실성이나 현실성이 없는 일, 허무하게 사라지는 근거 없는 가공의 사물, 기초가 튼튼하지 못해 무너지는 것 등을 비유적으로 나타낸 말.

어떤 건물을 짓든지 지반이 약하면 흙을 다지고 자갈을 깔아서 튼튼하게 만든 후에 주춧돌을 세워야 한다. 그러나 만약 모래 위에 누각을 세운다면 완성되기도 전에 무너질 것이다.

이와 같이 사상누각이란 기초가 허술한 모래 위에 누각을 짓듯 기초가 약하여 오래가지 못하는 경우에 쓰는 말이다. 사상누각은 건축에서뿐 아니라 사상(思想)이나 정책에서도 그 기반이 단단하지 못한 경우에 사용하는 말이다. 「樓」는 문이 없는 다락집을, 「閣」은 사면에 문이 달린 다락집을 가리킨다.

또 비슷한 의미로 「공중누각(空中樓閣)」이란 말이 있다.

송대의 학자이며 정치가인 심괄(沈括)이 기이한 일들을 모아 지은 《몽계필담》이란 책에 다음과 같은 기록이 있다.

등주(登州 : 산동성)는 삼면이 바다로 둘러싸여 있는데, 늦은 봄에서 여름에 걸쳐 멀리 수평선 위로 누각들이 줄을 이은 도시가 보인다. 지방 사람들은 이를 「해시(海市)」라고 부른다. 그 뒤 청(淸)나라 적호(翟灝)는 그가 지은 《통속편》 속에 심괄의 이 글을 수록한 다음,

「지금 말과 행동이 허황된 사람을 가리켜 공중누각이라고 하는 것은

이것을 말하는 것이다(今稱言行虛構者曰空中樓閣 用此事)」

참된 무엇이 없거나 혹은 비현실적인 이야기나 문장을 「공중누각과 같다」고 하는 말은 청나라 시대에 이미 있었음을 이 기록으로 알 수 있다. 물론 심괄이 말한 바다의 도시(海市)란 것은 수평선 멀리 나타나는 신기루(蜃氣樓)를 보고 한 말인데, 신기루에 대해서는 이미 오래 전 기록에 나타나 있다.

《사기》 천관서(天官書)에, 「신기(蜃氣)는 누대(樓臺)의 모양을 하고 있는데, 넓은 들의 기운이 흡사 궁궐을 이룩하고 있다」라고 적혀 있다. 「공중누각」이란 이같이 자연현상을 두고 기록한 것인데, 이를 이해하지 못한 사람들이 실제로 있을 수 없는 일이라고 보고 실현 가능성 없는 일을 비유해 쓰이고 있다.

## ❹ 宣威沙漠(선위사막) 宣威沙漠 베풀 **宣** 위엄 **威** 모래 **沙** 사막 **漠**

《천자문》에 있는 말이다.

「사막에까지 위세를 떨치고, 단청으로 얼굴을 그려 명예를 드날렸다(宣威沙漠 馳譽丹靑)」

명장(名將)은 위엄을 사막에까지 떨쳤는데, 그 명예는 말 달리듯 그림으로써 그려져 후세에 전했다는 말이다.

한(漢)나라의 선제(宣帝)는 11명의 공신(功臣)을 공의 대소에 따라 순서대로 기린각에 그리게 하고, 후한의 명제(明帝)는 공신 32명을 남궁의 운대(雲臺)에 그리게 하니, 그들의 명성은 마치 말이 달리는 것같이 단청(丹靑)으로 그려져 후세에 전했다는 뜻이다.

기린각

한나라 무제는 장건(張騫)과 이광리(李廣利) 등의 장수를 앞세워 서북 사막지역에 있는 흉노와 대완(大宛)을 정복하고 비단길을 열었다. 한 무제는 이밖에도 동·서·남방의 각국도 복속시켰다.

## ❺ 東馳西走 (동치서주) 东驰西走 동녘 **東** 달릴 **馳** 서녘 **西** 달릴 **走**

동쪽으로 뛰고 서쪽으로 달린다는 뜻으로, 이리저리 몹시 바쁘게 돌아다님을 뜻하는 한자성어. 「동분서주(東奔西走)」와 같은 말이다.
유 남선북마(南船北馬).

## ❻ 出藍之譽 (출람지예) 出蓝之誉 날 **出** 쪽 **藍** 갈 **之** 기릴 **譽**

남(藍)은 「쪽」이라는 풀이름이다. 쪽에서 나온 푸른 색깔이 쪽보다 더 푸르다는 말에서 온 말로서, 제자가 스승보다 낫다는 평을 듣는 것을 말한다.

고대 중국에서는 푸른색(青色)의 염료(染料)는 남초(藍草 : 染青草) 잎에서 채취하였다. 남초의 염료로 물들인 색깔은 원래의 잎보다 더 짙은 청색이다. 이것을 두고 학문과 수양은 그것을 쌓아올림으로써 더 높은 단계로 발전할 수 있다고 비유한 것이다.

《순자》 권학편 맨 첫머리에 이렇게 말하고 있다.

「학문은 잠시도 쉬어서는 안된다. 푸른 색깔은 쪽에서 나오지만 쪽보다 더 푸르고, 얼음은 물이 만들지만 물보다 차다(學不可以已 靑出於藍而靑於藍 氷水爲之而寒於水)」

학문에 뜻을 둔 사람은 잠시도 게을리 해서는 안된다. 그 예로 쪽이란 풀로 푸른색을 내지만, 사람의 노력이 가해짐으로 해서 그 쪽 자체보다 더 깨끗하고 아름답고 진한 색깔을 낼 수 있다. 얼음은 물이 얼어서 된 것이지만 물에서 얼음이 되는 과정을 거치기 때문에 물보다 더 차가운 성질의 것이 된다. 그러므로 스승에게서 배우기는 하지만, 그것을 더욱 익히고 정진함으로써 스승보다 더 훌륭한 사람이 될 수 있고, 더 깊고 높은 학문과 덕을 갖게 된다는 뜻이다.

이 「청출어람이청어람(靑出於藍而靑於藍)」이란 말이 약해져서 「출람(出藍)」이 된 것으로, 그것은 곧 푸른색이란 뜻이 된다. 푸른색은 쪽에서 나와 쪽보다 푸른 것이므로 그것은 먼저 것보다 뒤의 것이 더 훌륭하다는 뜻이 된다. 즉 스승보다 제자가 나은 것을 말한다.

보통 「청출어람(靑出於藍)」이라고 한다.

## ❼ 一片丹心 (일편단심)

一片丹心　한 一 조각 片 붉을 丹 마음 心

진정(眞情)에서 우러나오는 충성된 마음. 참된 정성.

한 조각의 붉은 마음. 즉 결코 변하지 않을 충성되고 참된 마음.

고려 말 이성계가 위화도에서 회군하였을 때, 뒤에 조선 태종이 된

이방원(李芳遠)이 포은의 뜻을 떠보려고 읊은 「하여가(何如歌)」에 답하여 읊은 포은(圃隱) 정몽주(鄭夢周)의 「단심가(丹心歌)」를 소개한다.

이 몸이 죽고 죽어 일백 번 고쳐 죽어
백골(白骨)이 진토(塵土)되어 넋이라도 있고 없고
임 향한 일편단심(一片丹心)이야 가실 줄이 있으랴.

此身死了死了 一百番更死了
白骨爲塵土 魂魄有也無
向主一片丹心 寧有改理也歟

정몽주

마지막장에서 작자는 「임 향한 일편단심(一片丹心)이야 가실 줄이 있으랴」라고 노래하고 있는데, 이미 기울어 가고 있던 고려이지만 끝까지 굳은 결의를 지키려는 유학자의 자세와 두 왕조를 섬기지 않는 작자의 일관된 신념이 잘 나타난 부분이다.

## ❽ 靑天白日 (청천백일) 青天白日 푸를 **靑** 하늘 **天** 흴 **白** 날 **日**

아무런 잘못도 없이 결백함. 또는 무죄를 가리키는 말.

「청천백일」은 맑게 갠 하늘에서 밝게 비치는 해라는 뜻이고, 하는 일이 뒤가 깨끗하다든가, 억울한 것이 판명되어 죄에서 풀려 누명을 벗게 된다든가 하는 따위를 「청천백일」에 비유해 말한다. 즉 깨끗하다는 뜻과 세상이 다 안다는 두 가지 뜻으로 많이 쓰인다.

한유(韓愈)는 그의 친우인 최군(崔群)에게 보낸 편지 가운데서, 「……청천백일은 노예들도 또한 그것이 맑고 밝은 것을 안다」고 했다.

이것은 최군의 뛰어난 인품을 모르는 사람이 없다는 것을 비유해 쓴 말이다. 즉 최군이 하늘처럼 맑고 태양처럼 밝다는 것을 말한 것이 아니고, 누구나 다 알고 있다는 뜻으로 쓰인 말이다.

그러나 우리들이 흔히 말하는 「청천백일하(淸天白日下)에 드러났다」고 할 때의 그 「청(淸)천백일」과는 약간 뜻이 다르다.

《주자전서》에는 주자가 맹자를 평하여 「청천백일과 같이 씻어 낼 때도 없고, 찾아 낼 흠도 없다」고 했다. 이것은 순결무구(純潔無垢)의 뜻으로 쓰인 것이다.

주 희

우리들이 쓰는 사심이 없다는 그런 뜻의 청천백일과는 다소 거리가 있다. 우리들이 많이 쓰는 「청천백일하에 드러났다」든가, 「청천백일하에 그런 짓을 할 수 있느냐」든가 하는 말은 훤히 밝다는 뜻 그대로 쓰이는 것이다.

## 77. 九州禹跡 百郡秦幷 (구주우적 백군진병) 九州禹迹 百郡秦幷

❶ 九(구) 牛(우) 一(일) 毛(모)

❷ 揚(양) 州(주) 之(지) 鶴(학)

❸ 禹(우) 行(행) 舜(순) 趨(추)

❹ 人(인) 跡(적) 未(미) 踏(답)

❺ 一(일) 罰(벌) 百(백) 戒(계)

❻ 百(백) 郡(군) 秦(진) 幷(병)

❼ 朝(조) 秦(진) 暮(모) 楚(초)

❽ 輻(폭) 輳(주) 幷(병) 臻(진)

## 풀이

### ❶ 九牛一毛 (구우일모)

九牛一毛　　아홉 **九** 소 **牛** 한 **一** 터럭 **毛**

다수 속의 극소수.

사마천이 이능(李陵)을 변호했다는 일로 해서 궁형(宮刑 : 거세형)을 받게 된 데는 다음과 같은 사정이 있었다.

《한서》에 있는 이야기다.

천한(天漢) 2년(BC 99), 이능은 이사장군(二師將軍) 이광리(李廣利)의 별동대가 되어 흉노를 정벌하게 되었다. 그는 변방 여러 나라에 이름을 날린 이광(李廣)의 손자다.

이능은 겨우 5천의 군사를 이끌고 게다가 기마(騎馬)는 무제(武帝)가 내주지 않았다. 그럼에도 불구하고 적의 주력과 맞붙어 몇 십 배가 되는 적군과 10여 일에 걸쳐 연전(連戰)했다. 이능으로부터 싸움에 이기고 있다는 사자가 오면 도읍에서는 천자를 비롯하여 모두들 축배를 들며 기뻐했다. 그러나 그가 패배했다는 소식은 천자나 대신들을 더 없이 슬프게 했다.

그 이듬해의 일이다. 죽은 줄 알았던 이능이 흉노에게 항복하고 두터운 대우를 받고 있다는 것이 뚜렷해졌다. 한무제는 이 소식을 듣자 노발대발 이능의 일족을 몰살하려고 했다. 군신(君臣)은 일신의 안전과 이익을 위해 무제의 안색을 살피며 아무도 이능을 위해 말하는 자가 없었다.

만년(晩年)의 무제의 조정에는 점차 암운이 드리우기 시작하고 있었다. 이때 단 한 사람, 이능을 변호한 사람이 사마천이다. 사마천은 전부

사마천 사당

터 「이능이란 사나이는 생명을 돌보지 않고 국난과 맞서는 국사(國士)다」 라고 생각하고 있었다. 그는 역사가로서의 엄한 눈으로 일의 진상을 꿰뚫어보고 대담하고 솔직하게 말하지 않고는 배기지 못하는 성격이었다.

「감히 말씀드리겠습니다. 이능은 얼마 안되는 군사로 억만의 적과 싸워 오랑캐의 왕을 떨게 했습니다. 그러나 원군은 오지 않고 아군에는 배반자가 나와 부득이했다고 생각합니다. 그렇지만 이능은 병졸들과 신고(辛苦)를 같이하고 인간으로서 극한의 힘을 발휘한 명장이라고 해도 과언은 아닙니다. 그가 흉노에게 항복한 것도 어쩌면 뒷날 한나라에 보답할 의도가 있었기 때문일 것입니다. 이때를 기해 이능의 공을 크게 천하에 나타내게 해 주십시오」

이 말을 들은 무제는 분연히 「천(遷)은 이광리의 공을 가로막고 이능을 위한다」 고 사추(邪推)하고 사마천을 투옥했을 뿐 아니라 나중에는 궁형에 처하고 말았다. 궁형이란 남자를 거세시켜 수염이 떨어지고 얼굴이 희멀개지며 성격까지 변한다는 형벌이다. 사마천 자신도 「최하등의 치욕」 이라고 말하고 있다.

또 그는 「세인(世人)은 내가 형을 받은 것쯤은 구우(九牛)가 일모(一毛)를 잃은 정도로밖에 느끼지 않을 것이다」 라고 말하고 있다.

그러나 사마천은 어째서 그 수모를 무릅쓰고 살아야 했을까? 하물며 노비라 해도 자해(自害)하는 수가 있는데, 어째서 목숨을 끊지 않았는가?

그것은 《사기》를 완성하기 위해서였다. 그의 아버지 사마담(司馬談)은 원수(元狩) 원년(BC 122) 태산에서 거행되는 봉선(封禪 : 천자가 하늘에 제사 지내는 의식)에 태사령이란 직책(제사를 관장함)에 있음에도 병으로 말미암아 참석하지 못한 것을 자책하여 죽었다고 하는데, 그때, 「통사(通史)를 기록하라」 하고 아들인 천(遷)에게 유언했다.

죽간(竹簡)에 기록한 사마천의 《사기》

사마천으로서는 《사기》를 완성하지 않고서는 죽으려고 해도 죽지도 못했다. 아버지의 노여움과 아들의 노여움이 결합해서 사마천의 집념이 되었다. 그는 설사 세인의 조소 대상이 될지라도, 혹은 「하루에도 창자가 아홉 번씩 뒤틀리는」 것 같은 괴로움을 맛보면서도 쓰고 또 썼다. 속배(俗輩)들이 이해 못할 고즙(苦汁)을 맛보면서 《사기》 120권을 완성시켰던 것이다.

이상은 사마천의 「임안(任安)에게 보(報)하는 서(書)」(《문통》과 《한서》에 있다)에 의하나, 「구우일모(九牛一毛)」는 글자 그대로, 아홉 마리의 쇠털 중의 한 올로 「다수 속의 극소수」를 말한다. 또 같은 책에서 「죽음을 무겁게 보고 가벼이 죽을 수 없는 때도 있고, 가볍게 보고 한 목숨을 버리는 때도 있다. 어떤 때 죽는가 하는 것이 문제다」 라고 말하고 있다.

## 양 주 지 학
## ❷ 揚州之鶴 扬州之鹤 오를 揚 고을 州 어조사 之 두루미 鶴

모든 세속적인 욕망을 한 몸에 다 모으려는 행동.

학을 타고 양주로 간다는 뜻으로, 모든 세속적인 즐거움과 많은 욕망을 다 채우고자 탐냄을 비유적으로 이르는 말. 전(轉)하여 실행하기 어려운 망상(妄想)의 비유.

남조 때 양(梁)나라 은운(殷芸)의 소설에 이런 얘기가 나온다.

옛날에, 여러 사람들이 모여 각자의 소원을 이야기했다.

어떤 사람은 「양주자사(揚州刺史)가 되고 싶다」고 했고,

어떤 사람은 「많은 재물을 얻겠다」하고,

어떤 사람은 「학을 타고 하늘에 오르고 싶다」고 했는데,

맨 마지막 사람은 이렇게 말했다.

「나는 허리에 십만 관(貫)의 돈을 차고 또한 학을 타고 양주(揚州)로 날아가고 싶네. 그 세 가지를 모두 겸하고 싶다네(願腰纏十萬貫騎鶴上揚州 欲兼三者)」

이 고사의 뜻은 권력과 재물 그리고 영생을 동시에 바라는 것을 비유한 것으로, 사람의 끝없는 욕심을 표현한 것이다.

## 우 행 순 추
## ❸ 禹行舜趨 禹行舜趋 우임금 禹 갈 行 순임금 舜 달릴 趨

우임금의 행동과 순임금의 걸음걸이라는 뜻으로, 성인(聖人)의 외모만 따르고 실질(實質)이 없음을 이름. 《순자(荀子)》

## ❹ 人跡未踏 (인적미답) 人迹未踏 사람 **人** 자취 **跡** 아닐 **未** 밟을 **踏**

지금까지 사람이 지나간 일이 전연 없음. 사람이 발을 들여 놓지 않음.

## ❺ 一罰百戒 (일벌백계) 一罚百戒 한 一 벌줄 **罰** 일백 **百** 경계할 **戒**

한 사람을 벌줌으로써 만인에게 경계가 되도록 한다는 뜻.

춘추전국시대 오(吳)나라의 24대 왕 합려(闔閭)는 손무(孫武)의 《손자병법(孫子兵法)》을 읽고 나서 아낌없는 찬사를 보냈다. 그래서 합려는 손무에게 한번 시범을 보여 달라고 요청하였다. 손자는 궁녀 180명을 모아놓고 두 편으로 나누었으며, 궁녀들 가운데 합려가 가장 총애하는 두 명을 각각 대장에 임명하였다.

손무는 군령을 펴고 형벌용 부월(斧鉞)을 준비한 뒤 세 번 군령을 내리고 다섯 번 거듭 말했다. 그리고 북을 치며 구령을 내렸다.

「우로!」

그러자 부인들은 크게 웃었다. 손무가 말했다.

「군령이 명료하지 못하고 구령이 철저하지 못한 것은 장군 된 자의 죄이다」

그는 다시 세 번 군령을 내리고 다섯 번 이를 설명했다. 그리고 북을 치면서 구령을 내렸다.

「좌로!」

손 무

그러자 부인들은 또 크게 웃었다. 손무가 말했다.

「군령이 명료하지 못하고 구령이 철저하지 못한 것은 장군 된 자의 죄이다. 그러나 군령이 이미 명료한데도 규정대로 되지 않는 것은 대장의 죄이다」

그리고는 좌우 두 사람의 대장을 참하려고 했다. 오왕은 대(臺) 위에서 보고 있다가, 손무가 당장에 자기의 총희(寵姬)를 참하려 들자 놀라서 즉시 전령을 보내 뜻을 전했다.

「나는 장군이 용병에 뛰어난 사람임을 벌써 알았소. 나에게는 이 두 부인이 없으면 무얼 먹어도 맛있을 것 같지가 않구려. 참수만은 참아주시오」

그러나 손무는 단호하게 말했다.

「신은 이미 명령을 받은 장군입니다. 장군 된 자는 진중(陣中)에 있는 한 군명(君命)이라 할지라도 듣지 않는 수가 있습니다」

마침내 두 명의 대장을 베어 모두에게 본보기로 보인(一罰百戒) 다음, 임금이 그 다음으로 사랑하는 두 부인을 세워 대장을 삼았다. 그리고 또 북을 치자, 부인들은 왼쪽이건 오른쪽이건, 앞이건 뒤건, 꿇어앉는 것이건 서는 것이건 모두 규정된 법대로 하였고, 목소리 하나 들리지 않았다. 그러자 손무는 전령을 시켜 왕에게 보고했다.

「이미 군사의 훈련은 끝났습니다. 왕께서는 시험 삼아 대(臺) 아래로 내려오셔서 보시도록 하십시오. 왕께서 보내고 싶다고 생각만 하신다면 그곳이 비록 물속이건 불 속이건 따르지 않는 자가 없을 것입니다」

이것으로 합려는 손무를 장군에 기용했다.

오나라가 서쪽으로는 초(楚)나라를 꺾고 북으로는 제나라, 진(晉)나라를 위협하여 명성을 제후 사이에 떨치는 데 손무의 힘이 컸다. 「일벌백계」는 한편으로는 이것이 능력 없는 지휘자에게는 자칫 무리하게 이용되는 수도 있다.

## ❻ 百郡秦幷(백군진병) 百郡秦幷 일백 百 고을 郡 나라 秦 아우를 幷

《천자문》에 있는 말이다.

「아홉 주는 우임금의 자취이고 일백 고을은 진나라가 합병하였다. (九州禹跡 百郡秦幷)」

9주는 하(夏)나라 우임금 공적의 자취요, 백 군을 둔 것은 진나라 때의 합병으로부터 시작된 것이다

하나라 우(禹)임금, 진나라 진시황이 지세에 따라 주 · 군을 획정한 시초를 말한 것이다. 우는 산을 따라 나무를 베어 길을 통하게 해서 아홉 주를 분별하였다.

우임금

우임금은 홍수(洪水)를 다스린 공으로 순임금에게 나라를 물려받은 사람이다. 우임

금 이전의 중국은 7년 동안의 가뭄에 9년 홍수가 났다.

중국 고대 신화에 있는 이야기다.

「곤(鯀)이라는 사람이 황제(黃帝)의 식양(息壤)을 훔쳐내 막았다. 황제는 이를 괘씸하게 여겨 축융(祝融)에게 명하여 곤을 우산(羽山)의 교외에서 죽였다. 그러자 죽은 곤의 뱃속에서 우(禹)가 태어났다. 나중에 우에게 물을 다스리라고 명령했다. 우는 흙을 널리 퍼뜨려 물을 다스리는 데 성공하였다. 우임금은 물길을 터주는 방법을 썼고 8년 동안이나 천하를 돌아다녔는데, 세 번이나 자기 집 문 앞을 지나면서도 들르지 않았다(過門不入)」

진시황

황제(黃帝)는 소전(少典)의 자손으로 성을 공손(公孫), 이름은 헌원(軒轅)이라 불렀다. 태어나면서부터 신령스러웠다. 태어난 지 얼마 되지 않아서 말을 했다. 어려서는 영리하였고, 성장하면서는 성실하고 민첩했으며, 장성해서는 총명했다. 그리고 우는 황제의 자손이라고 한다.

진시황은 최초로 중국을 통일했다. 전 왕조에서는 친척에게 봉토를 나누어주고 다스리게 했다. 그러나 세월이 흘러 뿔뿔이 독립하여 천하가 여러 나라로 갈라지고 다툼이 심해졌다. 진시황은 이러한 폐단을 없애려고 봉토를 관리들에게 맡겨 통치했다. 그러나 통일된 지 40여 년이 지나 진나라는 멸망했다.

## ❼ 朝秦暮楚 (조진모초)

朝秦暮楚 아침 **朝** 나라 **秦** 저녁 **暮** 나라 **楚**

아침에는 북쪽의 진(秦)나라에서, 저녁에는 남쪽의 초(楚)나라에서 지낸다는 뜻으로, 일정한 주소 없이 유랑함의 비유. 또 이편에 붙었다 저편에 붙었다 함. 비 조동모서.

## ❽ 輻輳幷臻 (폭주병진)

輻輳幷臻 바퀴살통 **輻** 모일 **輳** 어우를 **幷** 이를 **臻**

수레의 바퀴통에 바퀴살이 모이듯 한다는 뜻으로, 여럿이 한곳으로 많이 몰려드는 모양을 형용하여 이르는 말. 《한비자》

수레바퀴의 바퀴살이 축의 중심을 향해 모이는 모습을 말한다. 폭(輻)은 바퀴살, 주(輳)는 바퀴살이 축으로 모여드는 모습이다.

폭주의 반대는 복사(輻射)다. 복사는 열이나 빛 따위를 한 점으로부터 사방으로 내쏜다는 뜻으로, 바퀴살이 바퀴 둘레를 향해 사방으로 뻗어나간다는 의미다.

전화 통화나 관심, 접속이 한데 몰리는 모습을 폭주(輻輳)라고 한다. 폭주병진(輻輳幷臻)을 달리 말하면 「쇄도(殺到)하다」라는 뜻이다.

## 78. 嶽宗恒岱 禪主云亭 岳宗恒岱 禪主云亭

(악종항대 선주운정)

❶ 山(산) 嶽(악) 氣(기) 像(상)

❷ 宗(종) 廟(묘) 社(사) 稷(직)

❸ 恒(항) 茶(다) 飯(반) 事(사)

❹ 嶽(악) 宗(종) 恒(항) 岱(대)

❺ 口(구) 頭(두) 禪(선)

❻ 主(주) 客(객) 顚(전) 倒(도)

❼ 不(부) 知(지) 所(소) 云(운)

❽ 植(식) 松(송) 望(망) 亭(정)

# 풀이

## ❶ 山嶽氣像 (산악기상) 山岳气像 뫼 **山** 큰 산 **嶽** 기운 **氣** 형상 **像**

산악(山岳)같이 씩씩하고 웅장(雄壯)한 기상.

## ❷ 宗廟社稷 (종묘사직) 宗庙社稷 마루 **宗** 사당 **廟** 토지 신 **社** 기장 **稷**

왕실과 나라. 종묘(宗廟)는 역대 왕들의 위패(位牌)를 모신 사당, 사직은 토지 신과 곡식 신. 따라서 국가를 나타낸다.

「종묘(宗廟)」는 중국 제왕가 조상의 위패를 두던 묘로서, 주(周)나라 이후 천자는 7묘(廟), 제후는 5묘를 베풀었다.

백성은 땅과 곡식이 없으면 살 수 없으므로 사직은 풍흉(豊凶)과 국가의 운명을 관장한다고 믿어 나라를 창건한 자는 제일 먼저 왕가의 선조를 받드는 종묘와 더불어 사직단(社稷壇)을 지어서 백성을 위하여 사직에게 복을 비는 제사를 지냈다.

「사직」은 중국 전국시대 이후 천(天)・지(地)・인(人) 사상이 생기면서 사와 직은 하나로 합하여 토지・곡물을 관장하는 지신(地神)으로 받들어 이로부터 천자가 주재하는 국가적 제사가 되었다.

또한 「종묘」는 조선시대에, 역대 임금과 왕비의 위패를 모시던 왕실의 사당을 이르는 말이다. 태조 3년(1394)에 착공하여 정전을 짓고 세종 3년(1421)에 영녕전을 세웠으나 임진왜란 때 타버리고 광해군 즉위년(1608)에 다시 세운 것이 지금 종로 3가에 남아 있다. 1995년에 유네스코

사직단(북경)

세계문화유산으로 지정되었다.

「사직(社稷)」의 「社」는 본래 중국에서 일정한 지역의 혈족집단이 지낸 중심 제사의 대상인 것으로 보이나, 혈연사회가 붕괴하면서 토지신·농업신으로서 받들고, 여기에 곡물신인 「稷」을 합하여 사직이라 하였다.

## ❸ 恒茶飯事 (항다반사) 恒茶饭事 항상 **恒** 차 **茶** 밥 **飯** 일 **事**

차를 마시거나 밥을 먹는 일이란 뜻으로, 일상사, 자주 있는 일을 말한다.

옛날에 차를 마시거나 밥을 먹는 일은 언제나의 일이기 때문에 이런 말이 나온 것이다. 보통 「다반사(茶飯事)」라고 한다.

원래 동양에서 차는 일상생활에 있어서 중요한 의미를 가진다. 설이면 일가친척이 모여 차례(茶禮)를 지냈고, 차를 마시며 담소를 하고 정신적 깊이도 운위했다 해서 다도(茶道)가 있었다.

불가(佛家)에서는 다선일여(茶禪一如)라 해서 차를 마시는 가운데서 선(禪)의 경지를 되새겨 보기도 했다. 조선 후기의 스님인 초의(艸衣)는 《다신전(茶神傳)》이라는 책을 집필해 차의 신비한 맛과 운치를 자랑한 바도 있다.

조주선사와 내방객의 이야기를 기록한 《조주어록(趙州語錄)》에 있는 이야기다. 조주선사(趙州禪師)는 차를 즐겨 마셨다. 절을 찾는 사람이면 누구에게나 차를 대접했다. 어느 날 한 사람이 절을 방문하자 스님이 물었다.

초의선사

「당신은 여기 몇 번째 오셨습니까?」

「처음입니다」

「그래요? 차나 한잔 드십시오(喫茶去)」

얼마 뒤 또 한 사람이 왔다.

「당신은 여기 몇 번째 오셨습니까?」

「여러번 왔지요」

「그래요? 차나 한잔 드십시오」

그러자 곁에서 차 시중을 들던 시봉이 의아해 하며 물었다.

「아니 스님, 스님께서는 처음 온 사람이나 여러 번 온 사람이나 모두 『차나 한잔 드십시오』 하고 권하시니 무슨 까닭이십니까?」

이 말을 들은 조주가 말했다.

「아, 내가 그랬나? 그럼 자네도 차나 한잔 들게나」

이 이야기는 불가에서 전해오는 공안(公案) 가운데 하나로 유명하다. 그만큼 차 마시는 일은 옛사람들과 밀접한 일상사였던 것이다.

## ❹ 嶽宗恒岱 (악종항대) 岳宗恒岱 큰 산 **嶽** 마루 **宗** 항상 **恒** 대산 **岱**

「오악(五嶽)은 항산(恒山)과 대산(岱山)을 마루로 하고, 선(禪) 제사는 운운산(云云山)과 정정산(亭亭山)에서 한다(嶽宗恒岱 禪主云亭)」

《천자문》에 있는 말이다.

태 산

동악(東嶽)인 태산(泰山), 서악(西嶽)인 화산(華山), 남악(南嶽)인 형산(衡山), 북악(北嶽)인 항산(恒山), 중악(中嶽)인 숭산(嵩山)을 오악(五嶽)이라 한다.

대(岱)는 태산의 다른 이름이다. 중국의 옛 제왕들이 제위에 오를 때는 태산에 올라 봉선(封禪) 제사를 지냈는데, 태산에 흙을 쌓아 단을 만들고 하늘의 공덕에 보답하는 것을 「봉(封)」이라 하였고, 태산 아래 양보산(梁父山) 가운데 있는 운운산 또는 정정산에서 땅을 편편하게 고른 다음 땅의 공덕에 보답하는 제사를 지내는 것을 「선(禪)」이라 하였다.

## ❺ 口頭禪 (구두선) 口头禅 입 **口** 머리 **頭** 봉선 **禪**

실행이 뒤따르지 않는 실속이 없는 헛된 말. 입으로만 도를 깨우치려 하는 것을 말함. 말은 그럴 듯하나 실제 행동이 뒤따르지 않는 모습에 대한 표현.

불교에서, 몸소 수행은 하지 않고, 선(禪)에 대해 장황하게 말만 늘어놓음. 구두공론(口頭空論)·구두삼매(口頭三昧)와 같은 뜻.

구두삼매는 경문(經文)의 글귀만 읽고 참된 선리(禪理)를 닦음이 없는 수도(修道)나 화두(話頭)만 주장하는 선(禪)을 이르는 말이다.

## ❻ 主客顚倒 (주객전도) 主客顚倒 주인 **主** 손 **客** 바뀔 **顚** 거꾸로 **倒**

사물의 경중(輕重)·완급(緩急)·선후(先後), 또는 주인과 손의 위치가 서로 바뀜. 주인과 손님이 뒤바뀌었다는 뜻으로, 중요도에 따라 주(主)가 되는 것과 부수적인 것의 순서나 앞뒤의 차례가 바뀐 경우를 말한다. 사물의 중요성과 중요하지 않은 것, 급한 일과 급하지 않은 것, 선후 따위의 순서가 뒤바뀌었다는 말이다.

주인은 손님처럼 손님은 주인과 같이 행동을 바꾸어 한다는 말로, 입장이 서로 뒤바뀐 것을 가리킨다. 손님이 도리어 주인처럼 행세를 한다는 뜻의 「객반위주(客反爲主)」와 비슷한 말이다.

또한 발이 위에 있다는 뜻으로, 사물이 거꾸로 되는 것을 나타내는 「족반거상(足反居上)」도 주객전도와 뜻이 비슷하다. 사물의 경중(輕

重)이나 완급(緩急)의 순서가 뒤바뀐 것을 의미하는 주객전도는 입장이 서로 뒤바뀌거나 앞뒤의 차례가 뒤바뀐 경우에 쓰이는 말이다. 비 본말전도(本末顚倒).

## ❼ 不知所云 (부지소운)

不知所云 아닐 **不** 알 **知** 바 **所** 이를 **云**

본래 자신의 말을 스스로 낮추어 표현한 말이었는데, 지금은 이와 달리 「알 수 없는 소리를 지껄여 댐」을 형용하는 말.

제갈량(諸葛亮)의 「출사표(出師表)」에 있는 말이다.

제갈량

「……선제께서는 신이 삼가고 조심함을 아시어 돌아가실 때에 신에게 대사(大事)를 맡기시니, 명을 받은 이래로 밤낮으로 근심하고 탄식하여 부탁하신 것이 효과가 나지 않아 선제의 밝음을 손상시킬까 두려워하였습니다. 그래서 5월에 노수(瀘水)를 건너 깊이 불모지에 쳐들어갔는데, 이제 남방(南方)은 평정되었고 무기와 갑옷도 충분하니, 장차 삼군(三軍)을 독려하고 인솔하여 북쪽으로 중원(中原)을 평정하고자 합니다.

바라건대 노둔한 재주를 다하여 간악하고 흉악한 자들을 없애고 한나라 왕실을 회복하여 옛 도읍으로 돌아가는 것이 신이 선제께 보답하

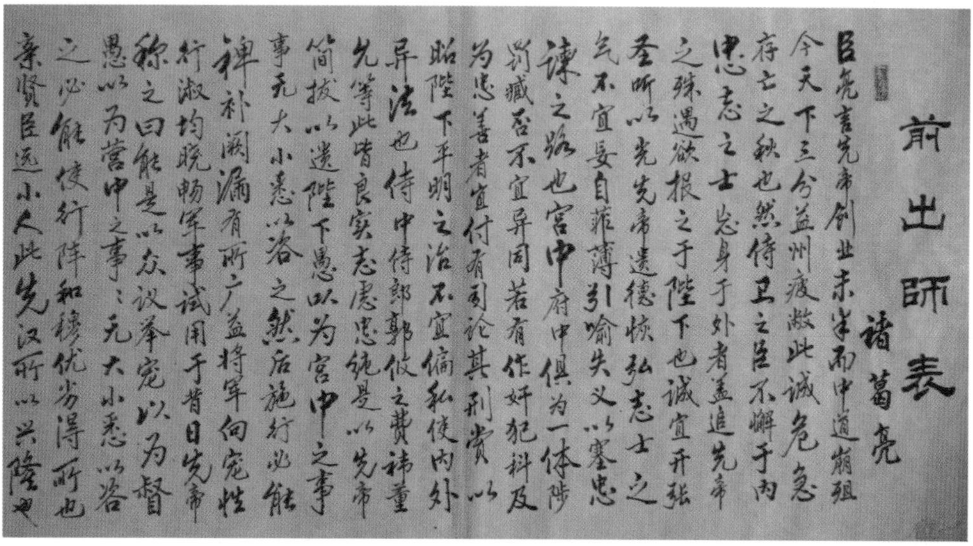


전출사표

고 폐하에게 충성하는 직분입니다. 일을 헤아려 덜고 더하며 충성의 말씀을 극진히 올리는 일에 있어서는 곽유지(郭攸之), 비위(費禕), 동윤(董允) 등의 책임입니다. 원컨대 폐하께서는 신에게 역적을 토벌하고 왕실을 회복하는 일을 맡기시어 공을 이루지 못하거든 신의 죄를 다스려 선제의 영전(靈前)에 고하시고, 곽유지, 비의, 동윤 등의 허물을 책하시어 그 태만함을 밝히십시오. 폐하께서도 또한 스스로 계획하시어 올바른 길을 물으시고 바른 말을 살펴 받아들여 선제(先帝)의 유언을 잘 따르신다면 신(臣)은 은혜를 입은 감격을 이기지 못할 것입니다. 지금 멀리 떠나게 되어 표문(表文)을 대하고 눈물이 흘러내려 아뢸 바를 알지 못하겠습니다(庶竭駑鈍 攘除姦兇 興復漢室 還於舊都 此臣所以報先帝而忠陛下之職分也 至於斟酌損益 進盡忠言 則攸之禕允之任也 願陛下 託臣以討賊興復之效 不效則治臣之罪 以告先帝之靈 責攸之禕允等之咎 以彰其慢 陛下亦宜自謀 以諮諏善道 察納雅言 深追先帝遺詔 臣不勝受恩感激 今當遠離 臨表涕零 不知所言)」

# ❽ 植松望亭 (식송망정)

植松望亭 심을 **植** 소나무 **松** 바라볼 **望** 정자 **亭**

솔을 심어 정자를 바란다는 뜻으로, 몹시 성급한 생각을 이르는 말로서, 바라는 일이 까마득한 것을 가리킴.

다른 나무보다 성장이 더딘 소나무를 이제 심었는데 언제 정자를 지으랴! 「우물에 가 숭늉 찾는다」는 속담처럼 몹시 성급하거나 앞날의 성공을 이루기 어렵다는 뜻이다. 소나무가 자라는 걸 볼 수 없을 만큼 짧은 우리네 인생을 한탄하는 말일 수도 있다.

송정(松亭)

그런데 「소나무를 심으며 정자 지을 생각까지 하라」고 해석하면 어떨까? 작은 일을 하면서 먼 장래를 내다보는 원대한 계획이라는 뜻이 된다. 사업을 하는 사람들에게는 이런 해석이 더 좋을 것이다.

같은 말이지만 《송남잡지(松南雜識)》에는 재송망정(栽松望亭)이라 돼 있다.

《동언고략(東言考略)》에는 「양송견정자(養松見亭子)」라고 기록되어 있다. 「소나무를 키워 정자를 보려 한다」는 뜻이다.

소나무는 우리나라 어디를 가나 흔히 만날 수 있는 나무이지만, 다른 나무에 비하여 성장속도가 느리다. 그런 소나무를 심어 그늘을 드리우면 그 밑에 정자를 짓고 노닐겠다는 소망이지만 살아서는 이루기 힘든 소망이다.

이는 소나무가 더디게 자라는 것을 한탄하는 것이 아니라 소나무 하나가 다 자라는 것을 볼 수 없으리만큼 우리의 인생이 짧음을 탄식(嘆息)하는 말이라고 할 수 있겠다.

인생은 짧은 것이라 어물어물하다가는 아무 일도 못하고 끝나버리는 것이기도 하다. 그만큼 인생은 무상(無常)하고 또 앞날의 성공은 기약하기가 어려운 것이다.

## 79. 雁門紫塞 鷄田赤城 (안문자새 계전적성) 雁门紫塞 鷄田赤城

1. 沈(침) 魚(어) 落(낙) 雁(안)
2. 門(문) 前(전) 成(성) 市(시)
3. 雁(안) 門(문) 紫(자) 塞(새)
4. 塞(새) 翁(옹) 之(지) 馬(마)
5. 群(군) 鷄(계) 一(일) 鶴(학)
6. 瓜(과) 田(전) 李(이) 下(하)
7. 近(근) 朱(주) 者(자) 赤(적)
8. 孤(고) 城(성) 落(낙) 日(일)

# 풀이

## ❶ 沈魚落雁 (침어낙안)

沈魚落雁 가라앉을 **沈** 물고기 **魚** 떨어질 **落** 기러기 **雁**

여자의 아름다움을 나타내는 말이다. 물고기를 물속으로 깊이 가라앉게 하고, 기러기가 놀라 땅으로 떨어지게 할 정도로 아름답다는 뜻이 되는데, 얼핏 이해하기 어려운 말이다.

《장자》 제물론(齊物論)에 다음과 같은 이야기가 있다. 이 부분은 설결(齧缺)과 왕예(王倪)가 주고받은 문답이 중심을 이루고 있는데, 다음은 왕예의 말이다.

「사람은 소와 돼지를 먹고, 사슴은 풀을 먹으며, 지네는 뱀을 맛있어 하고, 솔개와 까마귀는 쥐를 즐겨 먹는다. 이것은 타고난 천성으로 어느 쪽이 과연 올바른 맛을 알고 있는지는 모른다.

원숭이는 편저(猵狙)라는 보기 싫은 다른 종류의 원숭이를 암컷으로 삼고, 큰 사슴은 작은 사슴 종류와 교미를 하며, 미꾸라지는 다른 물고기와 함께 논다.

모장(毛嬙)과 여희(麗姬)는 사람들이 다 좋아하는 절세미인이다. 그런데 고기는 그녀들을 보면 물 속 깊이 숨어버리고, 새들은 높이 날아가 버리며 사슴들은 뛰어 달아난다.

이들 네 가지 중에 과연 어느 쪽이 천하의 올바른 미를 안다고 하겠는가. 내가 볼 때 인의(仁義)니 시비니 하는 것도 그 방법과 한계라는 것이 서로 뒤섞여 있어 도저히 분별해 낼 수가 없다」

이 이야기 가운데, 「고기가 보면 깊이 들어가고(魚見之深入), 새가 보면 높이 난다(鳥見之高飛)」고 한 말에서 「침어낙안」이 「모장」

모 장

과 「여희」 같은 절세미인이란 뜻으로 쓰이게 된 모양인데, 이것은 분명 잘못 쓰고 있는 말이다. 고기가 물 속으로 들어가고 새가 높이 나는 것은 그것이 사람이기 때문에 피해 달아나는 것이지, 미인이라서 그런 것도 아니고 미인이 아니라서 그런 것도 아니다. 그런데 절세미인이기 때문에 고기가 물속으로 가라앉고 새가 피한 것으로 속단한 나머지 「어심입(魚深入)」, 「조고비(鳥高飛)」란 말을 「침어낙안」이란 말로 바꾸어서, 뒷날 소설 같은 데서 미인의 형용사로 많이 쓰고 있다.

한편 이 「침어낙안」이란 말의 대구(對句)로 「폐월수화(閉月羞花)」란 말이 생겨났다. 달을 구름 속에 숨게 하고 꽃을 부끄럽게 만든다는 뜻이다. 이 이야기의 골자는 아름다움이란 것도 상대적인 것이지 절대적인 것은 못 된다는 말이다. 즉 인간의 눈으로 보면 더할 나위 없이 맛있는 음식도 다른 짐승에게는 구정물만도 못하며, 나라를 뒤흔들 만한 미인도 짐승들의 눈에는 위험한 존재일 뿐이다.

때문에 인의니 시비니 하는 것도 그것을 좋다고 여기는 사람에게는 소중하겠지만, 반대로 그렇지 않은 사람에게는 전혀 무의미한 것이 된다. 여기서 나오는 「침어낙안」은 미인을 형용할 아무런 근거도 없는데, 이후 이 말은 미인을 비유하기 시작했다.

## ❷ 門前成市 (문전성시) 门前成市 문 門 앞 前 이룰 成 저자 市

권세 있는 사람의 집 앞이 방문객들로 시장처럼 붐비는 것을 이르는 말이다.

한나라는 애제(哀帝) 때는 이미 멸망 직전에 있었다. 애제는 스무 살에 천자가 되었는데, 정치적 실권은 외척들의 손아귀에 들어 있고, 그는 다만 황제의 빈자리만을 지키고 있을 뿐이었다. 그는 7년 만에 갑자기 죽고 말았다. 이 애제를 받들고 정치를 바로잡아 보려고 애쓴 신하 가운데 정숭(鄭崇)이 있었다. 정숭은 명문가 출신으로 그의 집은 대대로 왕가와 인척관계에 있었다. 처음 정숭은 애제에게 발탁되어 상서복야(尙書僕射 : 지금의 국무차관급)에 있었는데, 그 무렵 외척들의 전횡은 그 도가 지나쳐서 눈을 뜨고 볼 수 없을 정도였다.

보다 못한 정숭은 기회 있을 때마다 애제에게 대책을 건의했다. 애제도 정숭의 말에 귀를 기울이기는 했지만, 결국 외척세력을 이겨내지 못하고 차츰 정숭을 멀리하게 되었다.

그 뒤 애제는 점점 자포자기가 되어 나라 일은 일체 돌보려 하지 않았다. 정숭은 계속 애제에게 간언을 하다가 나중에는 애제로부터 견책까지 받고 몸에 병을 얻기까지 했으나 참고 견뎠다. 이렇게 곤경에 빠져 있는 정숭을 보자, 그를 미워하고 있던 상서령 조창(趙昌)이 애제에게 모함을 넣었다.

「정숭은 왕실의 여러 사람들과 내왕이 빈번한 것으로 보아 아마도 무슨 음모를 꾸미고 있는 것 같습니다. 그를 취조해 보시기 바랍니다」

애제는 조창의 말을 그대로 믿고 정숭을 불러 문책했다.

정숭 화묘(花墓)

「그대 집 앞은 사람이 시장바닥 같다는데, 무슨 일로 나를 괴롭히려 하는가?」

그러자 정숭이 대답했다.

「신의 문전은 시장바닥 같아도, 신의 마음은 물처럼 맑습니다」

이 말을 듣자, 애제는 성을 내며 그를 옥에 가두고 철저히 취조토록 명했다. 정숭은 끝내 옥중에서 죽고 말았다.

이 이야기는 《한서》 정숭전에 나온다. 「문전성시(門前成市)」란 말은 「신의 문전은 시장바닥 같습니다(臣門如市)」라고 한 데서 생긴 말로 출입하는 사람이 많다는 뜻으로 쓰인다.

우리말에 「세도 문 열었다」는 말이 있다. 세도를 부리는 집에는 언제나 찾아와서 청을 넣는 사람이 많기 때문에 생긴 말인데, 그것은 문전성시를 뜻하는 말이기도 하다. 문정약시(門庭若市)란 말도 있는데, 이것은 간하는 신하들의 많음을 표현한 《전국책》에 있는 말이다.

같은 뜻을 가진 말에 「문정여시(門庭如市)」가 있다. 《전국책》에 「군신(君臣)이 간(諫)을 일삼아 문정이 저자(市) 같다」라는 말이 있다. 역시 간언과 인연이 있는 셈이다. 「문정여시」도 물론 면회객이 많다는 말이지만, 실인즉, 이 말이 또 뒤에, 높은 자리에 있어 아첨하러 오는 자를 불러들이는 것을 비방하는 데 쓰이고, 전술한 「그대의 문 앞은 저자와 같다」와 같이 쓰이게 되었다고 한다.

「문정여시」의 반대가 「문전작라(門前雀羅)」다. 방문객도 없이 대문 앞에 참새를 잡는 그물이 쳐 있을 정도로 쓸쓸한 모양이란 말이다.

## ❸ 雁門紫塞(안문자새) 鴈门紫塞 기러기 **雁** 문 **門** 붉을 **紫** 변방 **塞**

안문은 기러기도 넘지 못하는 산이고, 자새는 만리장성을 말하는 것이다. 《천자문》에 있는 말이다.

「안문과 자새요 계전과 적성이라(雁門紫塞 鷄田赤城)」

안 문

이 구절은 중국 북쪽지방의 유명한 곳을 소개한 것이다. 기러기 왕래하는 안문관이 있는가 하면 만리장성이 가로놓여 있으며, 계전이라는 변방의 광막한 지역이 있고 옛날 치우(蚩尤)가 살던 적성도 있다는 뜻이다. 특히 계전과 적성은 주나라 문왕과 진나라 목공이 암탉을 얻고 왕이 되었다고 하는 곳이다.

안문은 산서성(山西省)에 있는데 봄에 기러기가 이곳을 지나 북으로 간다고 하고, 자새는 진(秦)나라의 장성(長城)이 지나는 곳인데, 땅이 모두 자주색이다. 계전은 옛 진(秦)나라의 영토에 있는데 목공(穆公)이 여기서 닭을 얻어 천하의 패권을 잡았다고 하고, 적성은 사천성(四川城)에 있는 산 이름으로 멀리 촉(蜀) 땅까지도 바라볼 수 있는 곳으로 모두 중국에서 중요한 의미를 가진 지역들이다.

## ❹ 塞翁之馬 (새옹지마) 塞翁之马 변방 **塞** 늙은이 **翁** 의 **之** 말 **馬**

인생의 길·흉·화·복이란 항시 바뀌어 예측할 수 없는 것.

어느 것이 참다운 복이 되고 화가 되는지 알 수 없는 세상일을 가리켜 「새옹지마」라고 한다. 새옹(塞翁)은 북쪽 변방에 사는 늙은이란 뜻이다.

회남자

《회남자》의 인간훈(人間訓)에 나오는 이 유명한 이야기의 대략의 줄거리를 여기 인용해 보자.

북방 국경 가까이에 점을 잘 치는 사람이 살고 있었다. 하루는 말이 아무 까닭도 없이 도망쳐 오랑캐들이 사는 국경 너머로 들어가 버렸다. 마을 사람들이 찾아와 동정을 하며 위로를 하자, 이 집 주인 늙은이는,

「이것이 어찌 복이 될 줄 알겠소」 하고 조금도 걱정하는 기색이 없었다.

그럭저럭 몇 달이 지났는데, 하루는 뜻밖에 도망했던 말이 오랑캐의 좋은 말을 한 필 끌고 돌아왔다. 마을 사람들은 모두 몰려와서 횡재를

했다면서 축하를 했다.

그러자 그 영감은 또, 「그게 화가 될지 누가 알겠소」 하고 조금도 기뻐하는 기색을 보이지 않았다.

그런데 집에 좋은 말이 하나 더 생기자, 전부터 말 타기를 좋아하던 주인의 아들이 데리고 온 호마를 타고 들판으로 마구 돌아다니다 그만 말에서 떨어져 넓적다리를 다치고 말았다. 사람들은 또 몰려와서 아들이 병신이 된 데 대해 안타까워하는 인사를 했다.

그러자 영감은, 「그것이 복이 될지 누가 알겠소」 하고 담담한 표정이었다.

그럭저럭 1년이 되자, 오랑캐들이 국경을 넘어 대규모로 침략해 들어왔다. 장정들은 일제히 활을 들고 나가 적과 싸웠다. 그리하여 국경 근처의 사람들이 열에 아홉은 전쟁에 나가 모두 죽었는데, 유독 이 영감의 아들만은 다리병신이라서 부자가 함께 무사할 수 있었다.

그러므로 복이 화가 되고, 화가 복이 되어, 변화가 끝이 없고, 그 깊이를 헤아릴 수가 없다고 회남자는 결론을 맺고 있었다.

여기에서 예측할 수 없는 길흉화복을 비유해서, 또 눈앞의 이해득실에 웃었다 울었다 할 필요가 없다는 뜻으로 「새옹지마」란 말을 쓰게 되었다.

또 이것을 가리켜 「인간만사 새옹마」라고 하는데, 이것은 원(元)나라의 중 희회기(熙晦機)의 시에, 「인간의 모든 일은 새옹의 말이다(人間萬事塞翁馬). 추침헌 가운데 빗소리를 들으며 누워 있다(推枕軒中聽雨眠)」고 한 데서 나온 말이다.

# ❺ 群鷄一鶴 (군계일학)

群鷄一鶴　　무리 群 닭 鷄 한 一 학 鶴

「계군일학(鷄群一鶴)」이라고도 한다. 「학립계군(鶴立鷄群)」도 같은 뜻으로, 뭇사람보다 뛰어나 있는 것, 많은 범인 속에 한 사람의 뛰어난 인물이 섞여 있는 것을 비유하는 말이다.

《진서(晋書)》에 있는 이야기다.

혜소(嵆紹, ?~304)의 자(字)는 연조(延祖)라 하고 죽림칠현의 한 사람으로서 유명한 위(魏)의 중산대부(中散大夫) 혜강(嵆康)의 아들이다. 소(紹)는 열 살 때, 아버지가 무고한 죄로 형장의 이슬로 사라진 이래, 어머니를 모시고 근신하고 있었으나, 망부(亡父)의 친우이며 칠현(七賢)의 한 사람인 산도(山濤, 혜강은 소에게 산도 아저씨가 계시니까 너는 고아가 아니라는 말을 하고 나서 죽었다)가 당시 이부(吏部)에 있을 때 무제에게,

「『강고(康誥 : 《서경》의 편명)』에 부자의 죄는 서로 미치지 않는다고 적혀 있습니다. 혜소는 혜강의 아들이기는 하나 그 영특함이 춘추시대의 진(晋)나라 대부 극결(郤缺)보다 더하면 더했지 못하지는 않습니다. 부디 부르셔서 비서랑을 시키십시오」 하고 상주를 했다

그러자 황제는,

「경이 추천하는 사람 같으면 승(丞)이라도 족하겠지. 반드시 낭(郎)이 아니라도 좋지 않겠는가」 하고 비서랑보다 한 등급 위인 비서승(秘書丞)이란 관직에 오르게 했다.

소(紹)가 처음으로 낙양에 들어갔을 무렵, 어떤 사람이 칠현(七賢)의 한 사람인 왕융(王戎)에게,

「어제 많은 사람들 틈에서 처음으로 혜소를 보았는데, 의기도 높은

것이 아주 늠름하며 독립불기(獨立不羈)한 들학이 닭무리 속으로 내려앉은 것 같았네(昻昻然 野鶴如在鷄群)」하고 말하자 왕융은,

「자넨 아직 그의 아버지를 본 적이 없어서야」하고 대답했다. 여기서 「계군의 일학」이라는 말이 나왔다. 그것은 어쨌든 이것으로 보더라도 역시 그 아버지만큼의 기량은 없었는지 모른다. 나중에 여음(汝陰)의 태수가 되었는데 상서좌복야(尙書左僕射)에 있던 배외(裴頠)도 크게 소를 아껴, 「연조를 이부상서(吏部尙書)로 삼는다면 천하에 버려질 영재는 없으련만」하고 언제나 입에 올리곤 했었다.

죽림칠현도(淸 화가 전혜안)

소는 그 때문에 산기상시(散騎常侍)에서 시중(侍中)이 되고, 혜제(惠帝)의 곁에 있어 바른 말을 올리고 있었다.

제왕(齊王) 경(冏)이 위세를 떨치고 있을 때 소(紹)가 의론할 일이 있어 왕에게로 가자, 왕은 두세 명의 신하와 함께 술을 마시고 있었는데 그 중 한 사람이 혜시중(嵇侍中)은 사죽(糸竹 : 관현)에 능하다는 말을 했다. 그 말을 들은 왕은 거문고를 가지고 오게 해서 소에게 타 보라고 했다. 소는 왕에게,

「전하께서는 국가를 바로 잡아, 백성의 모범이 되셔야 할 분이 아니십니까. 소도 미숙하지만 전하의 곁에 있어 조복(朝服)을 입고 궁중에

드나드는 몸입니다. 사죽을 들고 영인(伶人 : 악공과 광대)의 흉내를 낼 수 있겠습니까. 평복을 입은 사적인 연석이라면 거절을 하지 않겠습니다」 라고 하여 왕을 멋쩍게 한 일도 있었다.

영흥(永興) 원년 팔왕(八王)의 난이 한창일 무렵, 황제는 하간왕 순(河間王順)을 토벌하기 위해 군사를 일으켰으나, 불리하게 되어 몽진(蒙塵 : 임금이 난을 피해 안전한 곳으로 옮아감)하고, 소가 명령을 받고 행재소(行在所)로 달려간 것은 황제의 군사가 탕음(蕩陰)에서 패했을 때였다.

소는 백관시위(百官侍衛)가 모조리 도망친 뒤 혼자 의관을 정제하고, 병인(兵刃)이 수레 앞에서 불꽃을 튀기는 속에서 몸소 황제를 지키다가, 마침내 우박같이 쏟아지는 화살을 맞고 쓰러졌으며 선혈이 황제의 옷을 물들게 했다. 황제는 크게 슬퍼하여 사건이 낙착된 후 근시(近侍)들이 옷을 빨려고 하자,

「이것은 혜시중의 충의의 선혈이다. 빨아서는 안된다」 하며 빨지 못하게 했다.

처음 혜소가 출발하려고 할 때, 같은 시중인 진준(秦準)이,

「이번 전쟁터로 가시는데 좋은 말이 있는가?」 하고 묻자, 소는 정색을 하며,

「폐하의 친정(親征)은 정(正)으로써 역(逆)을 치는 것이므로, 어디까지나 정(征)이지 전쟁이 아니다. 그 신변 경호에 실패를 한다면 신절(臣節)이 어디 있겠는가. 준마(駿馬)가 무슨 소용이 있는가」 하고 말했다.

그 말을 듣고 탄식하지 않는 자가 없었다.

# ❻ 瓜田李下 (과전이하)

瓜田李下 오이 **瓜** 밭 **田** 오얏 **李** 아래 **下**

오이 밭과 오얏(자두)나무 밑이라는 뜻으로, 「과전불납리(瓜田不納履)」와 「이하부정관(李下不整冠)」의 줄임말이다. 오이 밭에서 신을 고쳐 신지 말고 오얏(자두)나무 밑에서 갓을 고쳐 쓰지 말라는 뜻. 즉, 남의 의심을 받기 쉬운 일은 하지 말라는 말.

남에게 혹시라도 의심받을 만한 행동은 하지 않는 것이 좋다.

양(梁)나라의 소통(蕭統 : 昭明太子)이 진(秦)·한(漢)나라 이후 제(齊)·양나라의 대표적인 시문을 모아 엮은 책인 《문선(文選)》 악부 고사(古辭) 네 수 중의 「군자행」에 있는 말이다.

악부는 시체(詩體)의 한 가지로, 원래는 한나라 때 있던 음악을 보존하고 연주하는 관청의 이름이었는데, 나중에는 악부에서 취급하는 노래를 가리켜 말하게 되었고, 다시 나아가서 관청과는 상관없이 음악에 실려 불리는 가사를 그렇게 부르게 되었고, 혹은 원래 있던 제목을 빌어 새로운 가사를 짓기도 하고, 음악과는 직접 관계없는 시로써 창작되기도 했다. 그러나 그 제작 방법과 내용과 분위기에 어딘가 가곡적인 경향을 지니고 있는 것이 보통이다.

고사(古辭)란, 작자가 알려져 있지 않은 민간의 가곡을 말하는데, 여기에 나오는 「군자행」은 민간의 가곡으로서는 그 내용이 적당치 않은 것 같다. 아무튼 「군자행」은 군자가 세상을 살아가는 태도를 말한 노래다.

군자는 미연을 막아
혐의 사이에 처하지 않는다.

외밭에서 신을 고쳐 신지 않고
오얏나무 밑에서 갓을 바로잡지 않는다.
형수와 시아주버니는 손수 주고받지 않고
어른과 아이는 어깨를 나란히 하지 않는다.
공로에 겸손하여 그 바탕을 얻고
한데 어울리기는 심히 홀로 어렵다.
주공은 천한 집 사람에게도 몸을 낮추고
입에 든 것을 토해 내며 제대로 밥을 먹지 못했다.
한 번 머리 감을 때 세 번 머리를 감아쥐어
뒷세상이 성현이라 일컬었다.

君子防未然　不處嫌疑間　군자방미연　불처혐의간
瓜田不納履　李下不整冠　과전불납리　이하부정관
嫂叔不親援　長幼不比肩　수숙불친원　장유불비견
勞謙得其柄　和光甚獨難　노겸득기병　화광심독난
周公下白屋　吐哺不及餐　주공하백옥　토포불급찬
一沐三握髮　後世稱聖賢　일목삼악발　후세칭성현

시의 앞부분 반은 남의 혐의를 받을 만한 일을 하지 말라는 것을 말했고, 뒤의 반은 공로를 자랑하지 말고 세상 사람들을 겸허하게 대하라는 것을 말하고 있어 시의 내용이 통일되어 있지 않다. 시의 내용을 순서에 따라 설명하면,

군자는 사건이 생기기 전에 미리 이를 막아야 한다. 남이 의심할 만한 그런 상태에 몸을 두어서는 안된다. 참외밭 가에서 신을 고쳐 신는 것은 참외를 따러 들어가려는 것으로 오인을 받기 쉽다.

주공 단

또 오얏나무 밑에서 손을 올려 갓을 바로 쓰거나 하면 멀리서 보면 흡사 오얏을 따는 것으로 보이기 쉽다. 형수 제수와 시숙 사이에는 물건을 직접 주고받고 하는 일이 없어야 하고, 어른과 손아래 사람이 어깨를 나란히 하고 걸어가면 예의를 모른다는 평을 듣게 된다.

자기의 수고를 내세우지 말고, 항상 겸손한 태도를 취하는 것이 군자의 본바탕을 지키는 일이며, 가장 어려운 일은 자기의 지혜나 지식을 자랑하지 말고, 세속과 함께 하여 표 없이 지나는 일이다.

옛날 주공(周公)은 재상의 몸으로 아무 꾸밈이 없고 보잘것없는 집에 사는 천한 사람에게도 몸을 낮추었고, 밥을 먹을 때 손님이 찾아오면 입에 넣었던 밥을 얼른 뱉고 나아가 맞았으며, 머리를 감을 때 손님이 찾아와서 세 번이나 미처 머리를 다 감지 못하고 머리를 손으로 감아쥔 채 손님을 맞은 일이 있었다. 그러기에 후세 사람들은 주공을 특히 성현으로 높이 우러러보게 된 것이다, 라는 뜻이 된다.

옛날 천자문을 다 떼고, 처음 시를 배울 때 읽는 책으로, 《천고당음(天高唐音)》이란 것이 있었다. 첫머리에 「하늘이 높으니 해와 달이 밝고(天高日月明), 땅이 두터우니 풀과 나무가 난다(地厚草木生)」는 글귀가 나오기 때문에 붙은 이름이다.

이 책에는 「외밭에서 신을 고쳐 신지 않고」는 그대로인데, 「오얏나무 밑에서 갓을 바로잡지 않는다」는 글귀는 「않는다」 대신 「말 막(莫)」으로 되어 있다. 즉 부정관(不整冠)이 아닌 「막정관(莫整冠)」으로 되어 있는 것이다. 不를 나란히 쓰는 것을 피하기 위해서 그런 것 같다.

또 《당서(唐書)》 유공권전(柳公權傳)에 다음과 같은 이야기가 있다.

당나라 문종황제가 곽민이라는 사람을 빈영지방의 지방장관에 임명했다. 당시 적지 않은 사람들이 이것은 곽민이 딸 둘을 대궐에 들여보냈기 때문이라고 수군댔다. 이에 황제는 유공권에게,

「곽민의 두 딸은 태후를 뵙기 위해서 입궐한 것이지, 짐과는 아무런 상관도 없노라」라고 말했다. 그러자 유공권은,

「참외밭이나 오얏나무 밑에서의 혐의를 어찌 집집마다 다 알릴 수 있겠습니까(瓜李之嫌 何以戶曉)?」라고 대답했다.

## ❼ 近朱者赤 (근주자적) 近朱者赤 가까울 **近** 붉을 **朱** 사람 **者** 붉을 **赤**

「붉은색을 가까이하면 붉어진다」는 뜻으로, 성격이나 능력은 주변의 환경이나 친구에 의해 많이 좌우된다는 것을 이르는 말이다.

진(晋)나라 때의 문인이자 철학가였던 부현(傅玄)이 지은 《태자소부잠(太子少傅箴)》이라는 책에 있는 이야기다.

「주사를 가까이하는 사람은 붉은 물이 들게 되고, 먹을 가까이하는 사람은 검은 물이 들게 된다. 소리가 조화로우면 음향도 청아하며, 외모가 단정하면 그림자 역시 곧아진다(近朱者赤 近墨者黑 聲和則響淸 形正則影直)」는 말이 있다.

이 말은 사람이란 환경의 지배를 받게 된다는 것을 강조한 것으로 좋은 환경에서 생활하면 좋은 영향을 받게 되고 나쁜 환경에서 생활하면 나쁜 영향을 받게 된다는 뜻이다. 여기에서 첫 두 구절은 주사(朱砂)처럼 붉은 물건과 자주 접촉하게 되면 붉은색이 물들게 되고, 먹처럼 검은 물건과 자주 접촉하면 검은색이 물들게 된다는 것이고, 마지막 두 구절은 소리가 고르면 청아하게 울리고 형태가 바르면 그림자도 곧아진다는 것이다.

「근주자적 근묵자흑(近朱者赤 近墨者黑)」은 간략하게 줄여서 근주근묵(近朱近墨)이라고도 하는데, 남제(南齊) 사람 소자량이 편찬한 책에는 「먹을 가까이하면 반드시 검어지고 주사를 가까이하면 반드시 붉어진다(近墨必緇 近朱必赤)」라고 되어 있다.

## ❽ 孤城落日(고성낙일)

孤城落日 외로울 **孤** 성 **城** 떨어질 **落** 날 **日**

여명이 얼마 남지 않아 대단히 외로운 정상을 비유한 말.

「고성낙일(孤城落日)」은 「외로운 성에 지는 해」라는 뜻으로, 구원군이 오지 않는 고립된 성과 기울어 떨어지는 저녁의 낙조, 기운도 떨어지고 재기할 힘도 없는데, 도와주는 사람도 없어 처량한 신세로 전락한 것을 비유하는 말이다.

왕유(王維)의 칠언절구 「송위평사(送韋評事)」에 있는 말이다.

장군을 좇아 우현을 잡고자
모래 마당에 말을 달려 거연으로 향한다.
멀리 아노라, 한나라 사신이 소관 밖에서

외로운 성, 지는 해 언저리를 수심으로 바라보리란 것을.

欲遂將軍取右賢 沙場走馬向居延 욕수장군취우현 사장주마향거연
遙知漢使蕭關外 愁見孤城落日邊 요지한사소관외 수견고성낙일변

왕유의 복생수경도(伏生授經圖)

왕유는 이백(李白), 두보(杜甫)와 나란히 중국의 대표적인 시인이다. 그는 동양화와 같은 고요한 맛과 그윽한 정을 풍기는 자연시를 많이 썼다. 여기서는 국경 밖의 땅을 배경으로 한 이국적인 정서가 시를 한층 재미있게 만들고 있다. 글 제목에 나오는 평사는 법을 맡아 죄인을 다스리는 벼슬 이름으로, 위평사가 장군을 따라 서북 국경 밖으로 떠나면서 심경을 적은 시다.

한(漢)대에 흉노에 좌현왕(左賢王)과 우현왕이 있었는데, 우현왕이 한때 한나라 군대에 포위를 당해 간신히 도망쳐 달아난 일이 있었다. 첫 구절의 우현을 잡는다는 것은, 그 사실을 근거로 자신도 장군을 따라 변방으로 나가 적의 대장을 포로로 잡을 생각으로 사막을 힘차게 말을 달리게 되리라는 뜻이다.

여기에 나오는 거연이란 곳은 신강성 접경지대에 있는 주천(酒泉)을 말하는데, 남쪽에는 해발 6,455 미터의 기련산(祁連山)이 솟아 있고, 북쪽은 만리장성의 서쪽 끝을 넘어 사막지대가 계속된다.

소관(蕭關)은 진(秦)의 북관(北關)으로도 불리는 곳으로 외곽지대의 본

토 방면으로 통하는 출입구였던 것 같다.

시의 뜻은, 지금은 우현왕을 사로잡으려는 꿈을 안고 의기도 양양하게 사막을 말을 달려 거연의 요새지로 향하게 되겠지만, 먼 저쪽 소관 밖으로 한나라 사신인 당신이 나가버리면 당신의 눈앞에는 어떤 광경이 벌어질 것인가. 아득히 백사장에 둘러싸인 외로운 성과 다시 그 저쪽에 기울어 가는 저녁 해, 그것을 당신은 수심에 잠긴 눈으로 바라보지 않으면 안 될 것이다. 나는 몸은 비록 이곳에 있지만 당신이 장차 겪게 될 외롭고 쓸쓸한 심정을 알고도 남음이 있다는 뜻이다.

왕유 시의도(詩意圖)

여기서는 한갓 쓸쓸한 풍경과 외로운 심경을 노래한 데 지나지 않지만, 「고성낙일」은 보통 멸망의 그날을 초조히 기다리는 그런 심정을 말한다.

## 80. 昆池碣石 鉅野洞庭 (곤지갈석 거야동정) 昆池碣石 鉅野洞庭

❶ 昆池碣石 (곤지갈석)

❷ 酒池肉林 (주지육림)

❸ 墓碣 (묘갈)

❹ 他山之石 (타산지석)

❺ 鉅野洞庭 (거야동정)

❻ 家鷄野雉 (가계야치)

❼ 洞房華燭 (동방화촉)

❽ 門庭若市 (문정약시)

# 풀이

## ❶ 昆池碣石 (곤지갈석) 昆池碣石 만 **昆** 못 **池** 비 **碣** 돌 **石**

《천자문》에 있는 말이다.

「곤지는 운남 곤명현에 있고, 갈석은 부평현에 있다」

「곤지(昆池)」는 중국 대륙의 서남쪽 운남성(雲南省)에 있는 곤명지(昆明池)를 가리키는 말이다. 이곳은 중국의 고대 왕조가 천축국(天竺國)이라고 부른 인도로 가는 통로이자 중요한 무역로였다. 그런데 여기에는 중국 왕조에 대항하는 이민족 국가인 곤명국(昆明國)이 자리하고 있어, 인도와 중국 왕조 간의 왕래와 무역을 자주 방해했다.

이에 한(漢)나라 무제는 곤명국을 토벌하기로 결심하고 수군(水軍)을 조직했다. 이때 한나라의 수도 장안 서남쪽 근교에 곤명지를 그대로 본떠 만든 인공호수를 파고 수군들에게 수전(水戰) 훈련을 시켰다. 이 인공 호수는 곤명지를 모방해 만들었다고 해서 그 이름 역시 곤명호라고 불렀다고 한다.

갈석산

「갈석」은 하북성에 있는 갈석산(碣石山)을 가리키는 말이다. 이 갈석산은 중국 고대 제왕들이 중국 대륙을 돌아보는 순행(巡行)에 자주 등장하는 곳이다. 예를 들어 하나라의 우왕이 치수(治

水)를 위해 이곳에 들렀고, 한(漢)나라 무제 역시 태산에 갔다가 이곳 갈석산에 들렀다. 또 진시황은 신하들을 보내 이곳 갈석산 입구에 자신의 공로와 업적을 기리는 비문을 새기게 했다. 따라서 갈석산은 고대 중국의 제왕들이 매우 중요시 여겼던 장소 중의 하나였다고 생각된다.

## ❷ 酒池肉林 (주지육림) 酒池肉林 술 **酒** 연못 **池** 고기 **肉** 수풀 **林**

호사를 극한 굉장한 술잔치.

《사기》 은본기(殷本紀)에 있는 이야기다.

폭군의 대명사처럼 불리는 걸·주(桀紂)의 음란 무도한 생활을 단적으로 표현한 말로서, 술로 못을 만들고 고기로 숲을 이뤘다는 말이다. 하(夏)의 걸, 은(殷)의 주 두 왕은 고대 중국에 있어서 폭군 음왕의 전형이었다. 그들은 다 같이 보통 이상으로 재능과 무용(武勇)을 지녔음에도 불구하고, 그 최후는 말희(妺嬉)와 달기(妲己)라는 음부에게 마음을 빼앗겨 이성을 잃고 주색의 향락에 탐닉해서 몸을 망치고 나라를 잃었던 것이다.

그들은 총애하는 여성의 환심을 사기 위해 제왕으로서 자기들에게 주어진 권력과 부를 사치와 음일(淫佚)로 일삼았다. 「주지육림」의 놀이라는 것도 이 제왕의 절대적인 권력과 부(富)의 배경 없이는 도저히 생각할 수 없는 호사한 「유희」의 하나였다.

《십팔사략》에 걸에 대해서 다음과 같은 이야기가 있다.

걸은 탐욕스럽고 포학했으며, 힘은 구부러진 쇠고리를 펼 정도였다. 유시(有施)씨의 딸 말희를 사랑해서 그녀의 말이라면 다 들어주었다.

옥과 구슬로 꾸민 궁전을 만들어 백성들의 재물을 고갈시켰다. 고기는 산처럼 쌓이고(肉山), 포는 숲처럼 걸려 있었으며(脯林), 술로 만든 못에는 배를 띄울 수가 있었고, 술지게미가 쌓여서 된 둑은 십리까지 뻗어 있었다. 한 번 북을 울리면 소가 물마시듯 술을 마시는 사람이 3천 명이나 되었다. 그것을 보고 말희는 좋아했다는 것이다.

음란 무도한 걸·주

또 《사기》에는 걸에 대해서는 그다지 구체적인 예를 들지 않고 있으나 주에 대해서는 자세히 말하고 있다. 그는 구변이 좋고 몸이 날랬다. 보는 눈과 듣는 귀는 남보다 빨랐다. 힘이 장사여서 손으로 맹수를 쳐 죽였다. 그의 지혜는 간하는 말을 충분히 물리칠 수 있었고, 그의 구변은 자기의 그릇된 행동을 정당화시킬 수 있었다. 그래서 신하들에게 자기의 훌륭함을 자랑하고 자기의 위대한 이름이 천하에 널리 알려진 데 우쭐대고 있었다.

그는 술을 좋아하고 또 여자를 좋아했다. 특히 달기라는 여자를 사랑해서 그녀의 말이라면 들어 주지 않는 것이 없었다. ……그는 사구(沙丘)에다 큰 유원지와 별궁을 지어 두고, 많은 들짐승과 새들을 거기에 놓아길렀다. ……술로 못을 만들고 고기를 달아 숲을 만든 다음(以酒爲池 懸肉爲林) 남녀가 벌거벗고 그 사이를 서로 쫓고 쫓기고 하며 밤낮 없이 계속 술을 퍼마시고 즐겼다. 백성들의 원성이 높아지고 제후들 중에 배반하는 사람이 생겼다. 그러자 주는 형벌을 무섭게 함으로써 이를 막을 생각으로 포락지형(炮烙之刑)이란 것을 창안해 냈다는 것이다.

「주지육림」이란 말은 여기 나오는「이주위지 현육위림(以酒爲池 懸肉爲林)」이 줄어서 된 말이다 술과 고기를 진탕 마시고 먹고 하며 멋대로 놀아나는 것을 가리켜 「주지육림」이라고 하는 것도, 여기 나오는 장면을 방불케 하는 그런 뜻으로 쓰인다고 볼 수 있다. 이와 같은 사치한 생활의 연속은 곧 국고를 바닥나게 했으며, 인심의 이탈을 불러일으켜 하왕조의 멸망을 가져오게 한 것도 필연적인 것이었다.

「은감불원 재하후지세(殷鑑不遠 在夏后之世)」즉 하의 왕 걸의 전례를 거울삼아 여자의 색향에 눈이 어두워서는 안된다, 사치일락을 삼가는 서백(西伯)을 비롯한 충의지사들의 간언을 듣기는커녕 오히려 걸왕의 행동을 몽땅 내 거울로 삼고 은의 주왕 또한 사치일락을 일삼았던 것이다.

## ❸ 墓碣(묘갈) 墓碣 무덤 墓 비 碣

무덤 앞에 세우는 둥그스름한 작은 비석.

「묘갈」과 「묘비(墓碑)」는 묘소 앞에 세우는 비석으로, 본래는 구분되었으나 후대에 와서 서로 통용되었다.

《후한서(後漢書)》 주(注)에 「네모진 것이 비, 둥근 것이 갈이다」 하였다. 그리고 당대(唐代)에 와서는 관직이 4품 이상은 귀부이수(龜趺螭首 : 거북 모양을 새긴 비석의 받침돌과 용 모양을 새긴 비석의 머릿돌)인 비를 세울 수 있고, 5품 이하는 방부원수(方趺圓首 : 사각으로 각진 대석에 상단이 반달꼴 비석)인 갈을 세우도록 규제하였다. 그런데 후대에는 비와 갈의 구분이 명확하지 않다.

개석(蓋石)도 멋지고 대석(臺石)도 멋진 비석을 귀부이수라 하고 개석도 없고 대석도 그저 그런 비석을 방부원수라 한다. 벼슬이 높으면 귀부이수, 낮거나 없으면 방부원수 비석을 썼지만 후대로 오면서 구별이 없어졌다.

묘갈의 특징은 엄정한 시비선악을 판단하여 결정하는 포폄의식(褒貶意識)에 의거하여 이루어지는 것이 아니라, 죽은 이의 방명(芳名 : 이름, 좋은 평판)을 후세에 유전시키려는 것이 사명이므로, 긍정적인 측면에서만 기술하는 것이다.

다시 말해서, 객관적 시각에서 한 개인의 진실 된 삶의 모습을 제시하려는 사가(史家)의 열전(列傳)과는 달리, 나쁜 것은 빼고 좋은 점만을 기록하는 속성이 있다는 것이다. 그리하여 내용면에서 재료적 가치는 반감될 수밖에 없다. (국어국문학자료사전)

## ❹ 他山之石(타산지석) 他山之石 다를 他 뫼 山 의 之 돌 石

「다른 산의 돌」이란 뜻으로, 다른 산에서 나는 보잘것없는 돌이라도 자기의 옥(玉)을 가는 데에 소용이 된다는 말로서, 다른 사람의 하찮은 언행일지라도 자신의 학덕을 연마하는 데 도움이 됨을 비유한다.

옥돌을 곱게 갈려면 같은 옥돌로는 잘 갈리지 않는다. 강도(强度)가 서로 다른 곳의 돌로 갈지 않으면 안 된다.

이러한 사실을 인용하여 《시경》 소아 「학명(鶴鳴)」이란 시에, 초야에 있는 어진 사람들을 데려다가 임금의 덕을 더욱 아름답게 만드는 재료

로 삼으라는 뜻으로,

다른 산의 돌은
그로써 옥을 갈 수 있다.
他山之石　可以攻玉　타산지석 가이공옥

고 끝을 맺고 있다.

이 시에서 자기만 못한 다른 사람의 말이나 행동이 자신의 학문과 덕을 닦는 좋은 참고가 될 수 있다는 뜻으로 「타산지석」이란 말을 쓰게 된다. 예를 들어 어떤 사람이,

「비록 부족한 사람의 말이지만, 이것이 타산지석이 되었으면 다행이겠습니다」 하고 말했다면,

그것은 자신을 낮추고 상대방을 높이면서, 좋은 참고로 알고 보람 있게 받아들여 실천에 옮겨 달라는 여러 가지 내용의 말을 한 것이 된다.

가위는 반드시 한쪽은 강하고 한쪽은 무른 쇠로 되어 있다. 그래야만 미끄럽지가 않고 물건을 잘 자를 수가 있다. 타산지석이 아닌 「타산지철」인 것이다.

자기 의견과 똑같은 사람이 되기를 바라는 지도자처럼 어리석은 지도자는 없다. 똑같은 돌, 똑같은 쇠끼리는 서로 상대를 갈 수 없다는 진리를 모르는 사람이다. 의견이 서로 다른 사람끼리 정답게 지내는 가운데 더욱 빛이 나고 날이 서게 되는 것이다.

「절차탁마(切磋琢磨)」와 함께 인간의 인격수양에 쓰이는 명구(名句)로, 흔히 「타산지석으로 삼다」라고 쓴다.

## ❺ 鉅野洞庭 鉅野洞庭

거 야 동 정

클 **鉅** 들 **野** 골 **洞** 뜰 **庭**

「곤지는 곤명현에, 갈석은 부평에, 거야는 태산 동쪽에, 동정호는 원강 남쪽에 있다(昆池碣石 鉅野洞庭)」

《천자문》에 있는 말이다.

중국에는 험산, 대호, 거야가 많은데, 못으로는 곤지이고 산으로는 갈석이며, 들로는 거야이고 호수로는 동정호가 그 대표적인 것이다. 거야는 태산 동쪽에 있고 동정호는 양자강 남쪽에 있다.

「거야(鉅野)」는 고대 중국의 유명한 큰 늪지대를 말하는 것이다. 이곳은 태산의 동쪽에 있었다. 「동정호(洞庭湖)」는 호남성 북부와 양자강 남안에 위치한 중국에서 두 번째로 큰 담수호(潭水湖)다. 팔백리(八百里) 동정호라는 말이 있을 정도로 크고 넓은 호수이다. 얼마나 넓고 컸던지 동정호를 처음 찾는 사람은 이곳이 호수인지 아니면 강이나 바다인지 헷갈릴 정도였다고 한다.

동정호의 악양루

동정호는 호수 가운데 섬이 많아 풍경이 아름답기로 이름이 높았다. 더욱이 호수 주변에는 악양루(岳陽樓)를 비롯한 명승고적이 많아 더욱 유명했다. 이백, 두보 등 많은 시인묵객들의 마음을 사로잡은 곳이기도 하다.

## ❻ 家鷄野雉 (가계야치) 家鷄野雉 집 家 닭 鷄 들 野 꿩 雉

집 안의 닭은 천하게 여기고 들판의 꿩만 귀히 여긴다는 뜻으로, 자기 집의 것은 하찮게 여기고 남의 집 것만 좋게 여기는 것을 비유하는 말이다.

남조시대 송(宋)나라 때 하법성(何法盛)이 지은 동진(東晋) 때의 사적을 기록한 기천체 《진중흥서(晉中興書)》에 있는 이야기다.

진나라에 유익(庾翼)이라는 사람은 한때 왕희지(王羲之)와 함께 거론될 정도로 뛰어난 서예가였다. 그러나 정치와 군사 활동에 바빠 글씨 쓰는 데 소홀하다 보니 필력이 퇴보할 수밖에 없었다.

왕희지

반면 왕희지는 벼슬에는 뜻을 두지 않고 산천을 주유하며 비문에 새겨진 역대의 서법과 서체를 연구하는 등 노력을 게을리 하지 않았다.

이런 왕희지의 글씨는 온 세상에 명성이 자자했고, 양가의 자제는 물론 도성의 모든 젊은이들은 당시 유행하던 왕희지의 서법을 배우고 싶어 했다. 급기야는 유익의 아들이나 조카들까지도 가문 대대로 내려온 서법을 버리고 왕희지의 서법을 흉내내기에 이르렀다. 이 때문에 심기가 매우 불편해진 유익은 그가 형주에 있을 때 친구에게 쓴 한 편지 속에,

「지금 내 자식과 조카들까지도 집안의 닭은 싫어하고 들판의 꿩만 좋

아하네. 내가 장차 도성에 돌아가면 마땅히 그의 글씨에 견줄 수 있을 것이다」 하며 푸념을 토로했다고 한다.

## ❼ 洞房華燭 (동방화촉)

洞房华烛 골 **洞** 방 **房** 빛날 **華** 촛불 **燭**

부인(婦人)의 방에 촛불이 아름답게 비친다는 뜻으로, 신랑이 신부의 방에서 첫날밤을 지내는 일. 결혼식 날 밤 또는 혼례(婚禮)를 이르는 말.

초례(醮禮)를 마친 후 신랑 신부가 첫날밤에 한방에서 함께 지내는 방을 신방(新房)이라 하고, 이를 동방화촉(洞房花燭)이라고도 한다.

초례는 신랑 신부가 초례상을 가운데 두고 동서로 나뉘어 앉아서 합환주(合歡酒)를 서로 마시면서 백년해로를 의식으로서 혼인절차 중 가장 중히 여긴 의식을 말한다.

옛날에는 청사초롱 불을 밝히고 시녀가 좌우로 신랑을 인도하여 신부 방으로 안내하였다.

고례(古禮)를 보면 「신랑의 자리는 신부의 하녀가 신방의 동편에 펴고, 신부의 자리는 신랑의 하인이 서편에 펴고, 신랑의 벗은 옷은 신부의 하녀가, 또 신부가 벗은 옷은 신랑의 하인이 받고, 촛불을 물리면 하녀만이 문밖에서 모시고 있다」 고 하였다

## ❽ 門庭若市 (문정약시)

门庭若市 문 **門** 뜰 **庭** 같을 **若** 저자 **市**

문 앞과 뜰에 사람이 많아 마치 시장과 같다는 말로서, 방문객이 많은

것을 말하거나, 권세 있는 사람의 집 앞에 환심을 사려는 자가 시장처럼 붐비는 것을 이르는 말이다.

《전국책(戰國策)》 제책(齊策)에 있는 이야기다.

전국시대, 제(齊)나라 국상(國相) 추기(鄒忌)는 키가 8척이 넘고 생김새가 준수했다. 어느 날 아침 그는 의관을 차려 입고 조정에 나갈 채비를 하고 있었다. 그는 거울에 자신의 모습을 비추어 보면서 부인에게 물었다.

「모두 성북(城北)의 서공(徐公)이 잘생겼다고 하는데, 나와 그 사람 중 누가 더 준수하오?」

그의 부인이 대답했다.

「물론 당신이 더 준수하죠. 서공이 어찌 당신과 비길 수가 있겠어요?」

서공이란 제나라에서 유명한 미남이었다. 추기는 아내가 자신을 서공보다 미남이라고 했지만, 스스로는 그렇게 여기지 않았다. 그는 첩에게 다시 물었다.

「나와 서공 중에서 누가 더 준수한가?」

그의 첩 역시 똑같이 말했다.

「서공을 어찌 당신과 비교할 수 있겠습니까?」

이튿날, 집에 손님이 찾아왔다. 추기는 또 그에게 물었다.

「나와 서공 가운데 누가 더 잘생겼소?」

그 손님이 대답했다.

「물론 당신이 서공보다 훨씬 미남이지요!」

사흘째 되던 날, 서공이 추기의 집에 왔는데, 추기는 그를 자세히 살펴보니 자신보다 훨씬 잘생겼다. 거울을 들고 비추어 보았지만, 아무래도 자신이 서공보다 못하다는 것 인정하지 않을 수 없었다. 저녁에 추기는 침대에 누워 뭔가를 생각하다가 아내에게 중얼거렸다.

「나의 아내가 나를 더 준수하다고 한 것은 나를 사랑하기 때문이고, 첩이 나를 추켜세우는 것은 나를 두려워하기 때문이고, 손님이 내가 더 준수하다고 한 것은 나에게 바라는 것이 있기 때문이다」

추기는 조정에 나가서 위왕(威王)에게 말했다.

「저는 본시 서공보다 멋있지 않습니다만, 아내나 첩, 그리고 손님은 모두 제가 더 멋있다고 하였습니다. 아내는 저를 사랑하기 때문에, 첩은 저를 두려워하여, 손님은 저에게 부탁을 하려 했기 때문에, 그들은 저에게 참말을 하지 않았던 것입니다」

제왕은 추기의 말을 듣고 일리가 있다고 치하하고 다음과 같은 내용의 조서를 반포했다.

<오늘부터 무릇 제나라의 신민(臣民)으로서 직접 과인의 과오를 지적하는 자는 상급의 상을 받을 수 있고, 글을 올려서 과인의 과오에 대해 직간(直諫)하는 자는 중급의 상을 받을 것이며, 길거리에서 과인의 과오에 비판을 가하는 자는 하급의 상을 받을 수 있다>

이 조칙이 반포되자 많은 신하들이 간언하러 모여들어 궁의 문과 뜰은 시장과 같았다(群臣進諫 門庭若市). 그러나 몇 달이 지나고, 일 년이 지난 후에는 간언하러 오는 사람이 거의 없었다. 이는 사람들이 할 말을 다했기 때문이었다. 연나라, 조나라, 위나라는 이 소식을 듣고 너도나도 사자를 파견해서 참배하였는데, 이것이 소위 「조정에서 적국을 이기다(戰勝於朝廷)」라는 말의 유래가 되었다.

비슷한 말로 「문전성시(門前成市)」가 있고, 반어로는 문 앞이 새 그물을 칠 정도로 한적하다는 「문전작라(門前雀羅)」가 있다.

광 원 면 막 암 수 묘 명

## 81. 曠遠綿邈 巖岫杳冥 旷远绵邈 巖岫杳冥

❶ 曠(광) 日(일) 彌(미) 久(구)

❷ 遠(원) 水(수) 近(근) 火(화)

❸ 綿(면) 裏(리) 藏(장) 針(침)

❹ 曠(광) 遠(원) 綿(면) 邈(막)

❺ 巖(암) 下(하) 老(노) 佛(불)

❻ 巖(암) 岫(수) 杳(묘) 冥(명)

❼ 七(칠) 縱(종) 七(칠) 擒(금)

❽ 冥(명) 行(행) 摘(적) 植(식)

# 풀이

## ❶ 曠日彌久

광 일 미 구

曠日彌久 旷日弥久 밝을 **曠** 날 **日** 오랠 **彌** 오랠 **久**

헛되이 시일을 보내면서 오래 끈다는 뜻으로, 쓸데없는 소모전을 이르는 말. 《전국책》 조책(趙策)에 있는 이야기다.

전국시대 말(BC 265년) 연(燕)나라의 공격을 받은 조(趙)나라 혜문왕(惠文王) 은 제(齊)나라에 사신을 보내 제수(濟水) 동쪽에 위치한 3개 성읍을 할양한다는 조건으로 제나라의 명장 안평군 전단(田單)을 지원군으로 요청하였다.

전단은 일찍이 연나라의 침략군을 「화우계(火牛計)」로 격파하여 연나라에 빼앗겼던 70여 개 성을 회복한 명장인데, 조나라의 요청에 따라 총사령관이 되었다.

그러자 혜문왕의 조치에 크게 반발한 조나라 장수 마복군(馬服君) 조사(趙奢)는 평원군(平原君) 조승(趙勝)에게 항의하고 나섰다.

「조나라에 이토록 인물이 없소! 군주는 안평군(전단)을 불러다가 지키

화우계도(일본 이시가와 미술관)

마복군 조사

게 할 생각으로 제동의 3개 성읍을 제나라에 떼어주려 하고 있소. 이 땅은 염파(廉頗 : 조나라 장군)가 적국과 싸워 공을 세우고 적국으로부터 떼어 받은 것이오. 그런데도 지금 군께서는 이를 제나라에 주고 안평군으로 하여금 이를 지키게 하려고 하니 조나라에는 그토록 인물이 없는 것이오? 제나라와 연나라는 원수지간이긴 합니다만, 전단은 타국인 조나라를 위해 싸우지 않을 것입니다. 우리 조나라가 더욱 강해지면 제나라의 패업(霸業)에 방해가 되기 때문이죠. 그래서 전단은 조나라 군사를 장악한 채 오랫동안 쓸데없이 헛되이 세월만 보낼(曠日彌久數歲) 것입니다. 두 나라가 병력을 소모하여 피폐해지는 것을 기다릴 것입니다」

이에 평원군 조승이 말했다.

「내가 이미 군주에게 말해 동의를 얻어낸 일이오. 장군은 더 이상 말하지 마시오」

그러자 마복군 조사가 반박했다.

「만일 안평군이 현명하다면 무슨 이유로 조나라를 강하게 만들려 하겠소. 조나라가 강해지면 제나라는 두 번 다시 패자가 되기 어렵게 되오. 이제 안평군은 강력한 조나라의 군사를 이끌고 방어할 것이오. 그러나 수년 동안 시간을 끌면서 사대부와 종군하는 자들에게 도랑이나 보루를 쌓게 하여 힘을 소진케 하고, 전차와 갑주, 화살, 군기 등을 마모하여 훼손케 하고, 무기고와 식량창고를 텅 비게 만들고, 조·연 두 나라 군사가 교전으로 모두 지쳐 제나라를 두려워하게 된 뒤에야 철군할 것이오. 두 나라 군사를 모두 피폐케 만들 것이 틀림없는데도 이를 간파하는 사람이 없소」

그러나 조승은 조사의 의견을 묵살한 채 전단에게 조나라 군사를 맡겨 연나라 침공군과 대적케 했다. 결과는 조사가 예언한 대로 두 나라는 장기전에서 병력만 소모하고 말았다.

「광일지구(曠日持久)」라고도 한다.

## ❷ 遠水近火 (원수근화) 远水近火 멀 **遠** 물 **水** 가까울 **近** 불 **火**

본 말은, 먼 곳에 있는 물은 가까운 곳에서 난 불을 끄지 못한다는 뜻의 「원수불구근화(遠水不救近火)」이다. 곧 멀리 있으면 급할 때 아무 소용이 없다는 말이다.

《한비자》 설림상(說林上)에 있는 우화 가운데 하나다.

춘추시대 노(魯)나라 목공은 제(齊)나라의 침략을 막는 한 방법으로, 제나라의 득세를 싫어하고 있는 초나라와 한・위・조(韓魏趙) 세 나라에 공자를 보내 그들 나라를 섬기게 했다. 그러자 이서(犂鉏)란 사람이 이렇게 간했다.

「멀리 있는 월(越)나라 사람을 불러다가 물에 빠진 아이를 구하려 한다면, 월나라 사람이 아무리 헤엄을 잘 친다 해도 아이는 살지 못할 것입니다. 불이 난 것을 바닷물로 끄려 한다면 바닷물이 아무리 많아도 불을 끌 수는 없을 것입니다. 먼 물은 가까운 불을 구하지 못합니다(遠水不救近火也). 지금 삼진(三晋)과 초나라가 비록 강하다고 해도 제나라가 그들

나라보다 가까이 있기 때문에 노나라의 위급함을 구해 줄 수는 없습니다」

먼 물은 가까운 불을 구하지 못한다는 「원수불구근화」는 「너희 집에 있는 금송아지가 무슨 소용이 있느냐?」하는 우리말과 같다고 볼 수 있다.

「구슬이 서 말이라도 꿰어야 보배다」

강물이 많으면 무슨 소용이 있고 바닷물이 아무리 많으면 무슨 소용이 있겠는가?

《장자》에 나오는 「철부지급(轍鮒之急)」도 같은 뜻이다.

일상생활에서 이와 비슷하게 쓰이는 말로 「먼데 친척보다는 이웃사촌」이라는 말이 있고, 반대의 뜻을 가진 성어는 「원교근공」이 있다.

## ❸ 綿裏藏針 (면리장침) 绵里藏针 솜 **綿** 속 **裏** 감출 **藏** 바늘 **針**

솜 속에 바늘을 감추어 꽂는다는 뜻으로, 겉으로는 부드러운 체하나 속으로는 아주 흉악함을 이르는 말.

북송의 시인 소식(蘇軾 : 동파)은, 자신의 글씨가 「솜 안에 숨겨져 있는 쇠와 같다(綿裏鐵)」고 표현하였다.

「면리철」은 겉으로 보기에는 부드러우나 마음속은 꿋꿋하고 굳세다는 뜻에서 외유내강(外柔內剛)을 나타낸다.

그러나 면리철은 「솜 안의 바늘」이라는 「면리침(綿裏針)」으로 쓰이면서 의미가 달라져 웃음 속에 칼이 숨겨져 있다는 「소리장도(笑裏藏刀)」와 비슷한 뜻으로 사용되었다.

겉보기에는 미소를 띠고 부드러운 척하지만 속으로는 몰래 칼을 갈 듯 사람을 칠 준비를 하고 있다는 뜻이다.

솜뭉치 속에 바늘을 감출 만큼 겉으로 보기에는 약하고 부드러워 보이지만 속으로는 몹시 악한 마음을 숨기고 있는 것을 비유하는 말이다.

「면리장침」에 대한 또 다른 일화가 있다.

등소평

영국은 1842년 청나라에 아편전쟁을 승리하여 난징조약을 체결한다. 중국이 근대사에서 최초로 맺은 불평등조약이며, 주요 내용은 홍콩을 할양하고, 광저우, 푸저우, 시아먼, 닝보, 상하이 5개 항구를 개항하며 막대한 배상금을 지불하는 것이 포함되었다. 이때부터 청나라는 외국 열강들이 침략하기 시작하며 중국은 반식민지 상태로 들어간다.

영국은 1997년까지 홍콩을 지배했으며, 홍콩 주권 반환에 관한 중영 회담이 1982년부터 본격적으로 시작됐다. 그해 9월 대처 총리는 영국 지도자로서 처음 중국을 방문, 베이징 인민대회당에서 덩샤오핑(鄧小平)과 회담했다. 대처는 과거 조약에 따라 홍콩에 대한 지배를 연장하려 했지만, 덩샤오핑은 이를 강력히 거부하며, 불가피하다면 무력으로 홍콩을 수복할 수 있다고 주장하기도 했다.

격론이 오갔던 회담을 마친 후 심기가 불편했던 대처는 인민대회당을 나서다 계단에서 부주의로 넘어졌다. 이후 2년간 22차례에 이르는 담판을 거쳐 1984년, 중국은 등소평이 창안한 「일국양제」을 제시하고, 영국이 홍콩을 중국에 반환하는 「중영연합성명」을 체결한다.

영국의 수상 대처와 등소평의 담판은 세계 외교가에서 지금도 회자되는 사건이다. 「철의 여인」 대처와 「면리장침(綿裏藏針)」(모택동이 등소평을 두고 한 말), 즉 외유내강의 전형인 등소평의 담판은 세계 외교사에 절묘한 일 막을 장식했다.

등소평은 「홍콩이 번영한 것은 중국에 의한 것도 아니고 영국에 의한 것도 아니다. 홍콩은 오로지 홍콩 사람들의 노력에 의해 번영하고 있다」라며 「중국이 주권을 회수하더라도 홍콩은 홍콩인들이 다스릴 수 있어야 한다」고 대처의 제안을 일축했던 것이다.

이 세기의 담판에서 부드러운 등소평이 철의 여인 대처에게 판정승을 거둔 것이다. 부드러운 혀가 칼보다 날카롭다는 「설망어검(舌芒於劍)」의 중국 속담이 증명되는 순간이었다.

## ❹ 曠遠綿邈(광원면막) 旷远绵邈 밝을 **曠** 멀 **遠** 솜 **綿** 멀 **邈**

산, 벌판, 호수 등이 아득하고 멀리 그리고 널리 줄지어 있다.

《천자문》에 있는 말이다.

「산과 들이 드넓어 아스라이 멀고, 호와 못은 아득하게 깊다(曠遠綿邈 巖岫杳冥)」

산과 들이 광막하고 멀며, 바위와 멧부리가 높이 솟고, 물은 아득하고 깊다는 뜻이다. 9주의 광활한 지역은 변방 요새(要塞)나 호수나 연못들이 광활하게 계속되고 있어서 끝이 없으며, 산과 골짜기는 동굴과도 같아서 깊고 컴컴하다는 말이다.

고대 중국인들은 이처럼 드넓고 아스라이 먼 중국의 땅덩어리를 「9

(九)」라는 숫자로 표현하기를 좋아했다. 그들은 드넓은 벌판에는 구야(九野)가 있고, 땅에는 구주(九州)가 있고, 산에는 구산(九山)이 있고, 변방에는 구새(九塞)가 있으며, 늪지대에는 구수(九藪)가 있다고 여겼다.

또한 중국 땅덩어리의 크기를 동서로는 2만 8천 리, 남북으로는 2만 6천 리, 물길은 8천 리라고 했고, 이름이 널리 알려진 강만 6백 개요, 내륙으로 흘러 들어가는 물길만 6천 개이며 작은 강의 숫자까지 따진다면 그 수가 1만 여 개를 넘는다고 했다.

이는 전국시대 말기 진(秦)나라 여불위가 편찬한 《여씨춘추(呂氏春秋)》에 나오는 기록이니, 물론 현재 중국의 영토보다 훨씬 작은 규모라고 할 수 있다. 우리 한반도의 크기가 남북으로 3천 리라는 것을 생각한다면, 그 크기에 놀랄 만하다.

## ❺ 巖下老佛(암하노불) 巖下老佛 바위 **巖** 아래 **下** 늙을 **老** 부처 **佛**

바위 아래 늙은 부처. 바위 밑의 오래된 불상.

산골의 착하기만 하여 진취성이 없고 어리석은 사람. 삼봉 정도전이 강원도 사람들을 평한 말이다.

여기에 따르면, 경기도 사람은, 「거울에 비친 미인과 같다」해서 「경중미인(鏡中美人)」

충청도 사람은, 「맑은 바람과 밝은 달빛 같은 품성을 지녔다」해서 「청풍명월(淸風明月)」

전라도 사람은, 「바람에 하늘거리는 가는 버드나무와 같다」해서 「풍전세류(風前細柳)」

경상도 사람은, 「소나무와 대나무 같은 곧은 절개가 특징이다」 해서 「송죽대절(松竹大節)」

강원도 사람은, 「바위 아래 있는 늙은 부처와 같은 품성을 지녔다」 해서 「암하노불(岩下老佛)」

황해도 사람은, 「봄 물결에 돌을 던진 것과 같다」 해서 「춘파투석(春波投石)」

평안도 사람은, 「산 속에 사는 사나운 호랑이와 같다」 해서 「산림맹호(山林猛虎)」

정도전

함경도 사람은, 「진흙탕에서 싸우는 개처럼 악착같다」 해서 「이전투구」라 했다.

이 4자평은 조선 태조의 물음에 정도전(鄭道傳)이 답한 말이라고도 하는데, 함경도 출신인 태조가 함경도 사람의 특징이 「이전투구」라는 말을 듣고는 안색이 붉어졌다고 한다.

그러자 정도전은 함경도는, 「석전경우(石田耕牛)」 곧 「돌밭을 가는 소와 같은 우직한 품성도 지니고 있다」고 말하여 태조의 기분을 누그러뜨렸다고 한다.

이렇듯 「이전투구」는 원래는 함경도 사람의 강인하고 악착스러운 성격을 특징짓는 말로 사용되었지만, 오늘날에는 자기의 이익을 위하여 또는 명분이 서지 않는 일로 진흙탕에서 싸우는 개들처럼 볼썽사납게 다투는 모습을 비유하는 말로 흔히 쓰인다.

## ❻ 巖岫杳冥 (암수묘명) 巖岫杳冥 바위 **巖** 산굴 **岫** 아득할 **杳** 어두울 **冥**

《천자문》에 있는 말이다.

「땅이 드넓어 아스라이 멀고, 바위와 산봉우리는 높이 솟고 물은 아득하고 깊다(曠遠綿邈 巖岫杳冥)」

암수는 산이 높아서 오를 수 없는 곳이고, 묘명은 물이 깊어서 헤아릴 수 없는 곳이다.

큰 땅덩어리를 가진 중국을 나타내고자 한 것이다.

## ❼ 七縱七擒 (칠종칠금) 七纵七擒 일곱 **七** 놓을 **縱** 사로잡을 **擒**

{이 항(**杳**)은 글자 특성상 고사성어 열매가 열리 않아서 위 고사로 대체했다}

상대를 마음먹은 대로 요리함.

「일곱 번 잡았다가 일곱 번 풀어준다」는 뜻으로, 상대를 마음대로 다룸을 비유하거나, 인내를 가지고 상대가 숙여 들어오기를 기다린다는 말.

삼국시대 촉한(蜀漢)의 초대 황제인 유비(劉備)는 제갈량에게 나랏일을 맡기고 세상을 떠났다. 제갈량은 후주(後主) 유선(劉禪)을 보필하게 되었는데, 그때 각지에서 반란이 일어났다.

신윤복의 「칠종칠금도」

위(魏)나라를 공략하여 생전의 유비의 뜻을 받들어야 했던 제갈량은 먼저 내란부터 수습해야 했다. 유선이 아직 어리고 철이 없어 군대를 동원하는 것이 무리라고 생각한 제갈량은 적진에 유언비어를 퍼뜨려 이간책을 썼다. 과연 반란군은 자중지란(自中之亂)을 일으켜 서로 살육을 일삼았다. 그 결과 마지막으로 등장한 반란군이 바로 맹획(孟獲)이라는 장수였다. 맹획이 반기를 들자 제갈량은 노강 깊숙이 들어가 그를 생포했다.

제갈량의 계략에 걸려들어 생포된 맹획은 분함을 이기지 못했다. 맹획을 생포한 제갈량은 오랑캐로부터 절대적 신임을 받고 있는 그를 죽이는 것만이 능사는 아니라고 판단하였다.

마 속

이에 대해 촉한의 무장인 마속(馬謖) 또한 이렇게 간했다.

「용병의 도리는 최상이 민심을 공략하는 것으로, 군사전은 하책일 뿐 심리전을 펴 적의 마음을 정복하는 것이 좋을 듯합니다」

제갈량은 오랑캐의 마음을 사로잡고 나면 그들의 인적, 물적 자원을 바탕으로 북벌(北伐)도 한결 용이할 것이라 생각하여 맹획을 풀어주었다.

고향에 돌아온 맹획은 전열을 재정비하여 또다시 반란을 일으켰다. 제갈량은 자신의 지략을 이용하여 맹획을 다시 사로잡았지만 또 풀어주었다.

이렇게 하기를 일곱 번, 마침내 맹획은 제갈량에게 마음속으로 복종

하여 부하되기를 자청했다.

오늘날 이 말은 상대편을 마음만 먹으면 언제든지 쥐락펴락할 수 있는 능란함을 가리키는 말로 쓰이고 있다.

## ❽ 冥行擿埴 (명행적식)

冥行擿埴 어두울 **冥** 갈 **行** 들출 **擿** 심을 **植**

「장님이 지팡이로 땅을 두드리면서 가는 것처럼 어둠 속을 더듬으며 간다」는 뜻으로, 학문을 함에 있어 방도를 모르고서 이리저리 헤매는 것을 비유하는 말로 쓰인다.

중국 전한 말기의 사상가이며 문장가인 양웅(揚雄, BC 53~AD 18)이 지은 《법언(法言)》에 있는 말이다.

명행(冥行)은 캄캄한 곳을 간다는 뜻이고, 적식(擿植)은 장님이 지팡이를 두드리면서 간다는 뜻이다.

## 82. 治本於農 務玆稼穡 治本于农 务玆稼穑

(치본어농 무자가색)

❶ 無爲而治 (무위이치)

❷ 發本塞源 (발본색원)

❸ 止於至善 (지어지선)

❹ 士農工商 (사농공상)

❺ 開物成務 (개물성무)

❻ 念玆在玆 (염자재자)

❼ 無子息上八字 (무자식상팔자)

❽ 務玆稼穡 (무자가색)

# 풀이

## ❶ 武爲而治 무위이치

无为而治 없을 **無** 할 **爲** 어조사 **而** 다스릴 **治**

하는 일이 없이 정치를 하다. 성인(聖人)의 덕이 커서 아무 일을 하지 않아도 유능한 인재(人材)를 얻어 천하가 저절로 잘 다스려짐. 정치하는 사람이 백성에게 지나친 간섭을 하는 일이 없어, 알지 못하는 사이에 모두 착하고 올바른 사람이 되는 경우를 이르는 말이다.

《논어》 위령공(衛靈公)편에 있는 말이다.

「공자가 말하기를, 함이 없이 다스리는 자는 순임금이다. 무엇을 하였는가. 자기를 공손히 하고 똑바로 남쪽을 향해 있었을 뿐이다(子曰 無爲而治者 其舜也與 夫何爲哉 恭己正南面而已矣)」

여기서 무위는 덕치(德治)로 해석하여, 덕으로 다스리면 백성들이 마음으로 따른다고 하였다.

「무위이치(無爲而治)」란 이와 같이 법과 제도로써 다스리려 하는 법가 사상과 대치되는 생각이지만, 유가에서는 덕을 중시하고, 도가에서는 인이나 예마저도 인위적인 것이라고 하여 배척한다. 자연 상태 그대로의 인간 심성과 자연의 큰 법칙에 따르는 통치가 바로 「무위이치」이다.

《노자(老子)》 57장 순풍(淳風)을 보면 다음과 같은 내용이 있다.

나라는 바른 도리로써 다스리고, 용병은 기발한 전술로 해야 하지만, 천하를 다스림에 있어서는 무위로써 해야 한다. ……그러므로 성인은 다음과 같이 말했다.

「내가 아무것도 하지 않으니 백성들이 스스로 감화되고(我無爲 而

民自化) 내가 고요하니 백성들이 스스로 바르게 되며(我好靜 而民自正) 내가 일을 만들지 않으니 백성들이 스스로 부유해지고(我無事 而民自富) 내가 욕심 부리지 않으니 백성들이 스스로 소박해진다(我無欲 而民自樸)」

도(道)는 스스로 순박한 자연을 따른다는 무위자연(無爲自然)을 주장한 노자의 말로, 백성을 교화함에 있어서 잔꾀를 부리면 안 된다는 뜻이다.

노자는 문화를 인류의 욕심이 낳은 산물로 보고, 문화가 인류의 생활을 편하게는 하였지만 또한 인간의 본심을 잃게 만들었다고 하여, 학문과 지식을 버리라고까지 하였다.

## ❷ 拔本塞源 (발본색원)

拔本塞源 뽑을 **拔** 근본 **本** 막을 **塞**(색) 근원 **源**

「발본색원」은 뿌리를 뽑고 근원을 막는다는 뜻이다. 뿌리를 뽑아버림으로써 다시 자라나는 것을 막을 수 있고, 근원을 막아버림으로써 다시 넘쳐흐르는 일이 없게 할 수 있다. 무슨 일을 다시금 후환이 생기지 않도록 완전히 처치해 버리는 것을 말한다.

이 말은 《춘추좌씨전》 소공(昭公) 9년에 나오는 주(周)나라 왕이 한 말이다.

「나는 백부(伯父)에게 있어서, 마치 옷에 갓이 있고, 나무와 물에 뿌리와 근원이 있고, 백성들에게 집 주인이 있어야 하는 것과 같다. 백부가 만일 갓을 찢어버리고, 뿌리를 뽑고 근원을 막으며, 집 주인을 아주 버린다면, 비록 저 오랑캐들이라도 나 한 사람을 우습게 볼 것이다(伯父

若裂冠毁冕 拔本塞源 專棄謀主 雖戒狄其何有余一人)」

이 「발본색원」은 나중에 왕양명(王陽明)의 제자들이 엮은 《전습록(傳習錄)》 가운데 있는 「발본색원론」이란 장편의 논문에 의해 더욱 유명해졌다. 왕양명의 나이 55세 때 쓰인 이 글은 그의 정치철학을 보여주는 글로서 중시되어 왔다.

이 글의 서두에 이런 말이 있다.

왕양명

「이 발본색원하는 논의가 천하에 밝혀지지 않는다면 천하에서 성인을 배우는 사람들이 장차 날로 번거로워지고 날로 어렵게 될 것이다. 이 사람들이 금수나 오랑캐와 같은 지경에 빠지고서도 스스로는 성인의 학문을 한다고 여기게 될 것이다」

## ❸ 止於至善(지어지선) 止于至善 멈출 **止** 어조사 **於** 지극할 **至** 착할 **善**

지선(至善)은 더 이상 바랄 것이 없는 최고의 선이란 뜻이다. 「善」은 착하다는 뜻도 되고 좋다는 뜻도 된다. 최고로 착한 것이 곧 최고로 좋은 것이 될 수 있고, 최고로 좋은 것이 곧 최고로 착한 것이 될 수 있으므로 결국 같은 뜻이다.

「지선」이란 말은 《대학》 첫머리에 있는 말이다. 이른바 삼강령은 명덕(明德)과 신민(新民)과 이 지선을 가리켜 뒷사람들이 붙인 이름이다.

주 희

《대학》 원문에는, 「대학의 길은 밝은 덕을 밝히는 데 있고, 백성을 새롭게 하는 데 있고, 지극히 착한 데 이르는 데 있다(大學之道 在明明德 在親民 在止於至善)」 라고 나와 있다.

친(親)은 신(新)이란 글자를 잘못 쓴 것으로 보고 신으로 읽는다. 「지어지선(止於至善)」은 지극히 착한 곳에 머무른다는 뜻이다. 그러나 보통 「지어지선(至於至善)」이란 말이 널리 쓰인다. 머무른다는 말보다는 노력해서 거기까지 도달한다는 데에 보다 수양의 실감을 느낄 수 있기 때문인지도 모른다.

「지어지선」을 주자는 주석에서 말하기를,

「하늘 이치는 극진함을 다하여 한 털끝만한 사람의 욕심의 사사로움도 없다」 라고 했다. 그러나 우리가 보통 쓰는 말뜻은 보다 가벼운 것이다. 즉 「지어지선」이란 말을 「최선을 다한다」 든가 혹은 「완전무결하다」 든가 하는 정도의 뜻으로 쓰고 있는 것이다. 도덕이나 철학을 떠난 모든 면에 쓰이고 있다.

## ❹ 士農工商(사농공상) 士农工商 선비 士 농사 農 장인 工 장사 商

유교에서 사회의 주요한 구성요소인 관리·농민·공장(工匠)·상인을 가리키는 개념으로, 사민(四民)이라고도 한다.

사농공상이라는 말은 기원전 1000년경부터 중국에서 사용된 것을 찾아볼 수 있다.

《서경》, 《한서(漢書)》에서는 「사농공상, 사민의 업(業)이 있다」고 하여 민(民)의 직업을 네 종류로 대별한 것을 볼 수 있다.

또 《관자(管子)》에서는 「사농공상 4민은 나라의 초석(士農工商四民 國之礎)」이라고 했다.

고려 후기에 중국에서 유교(儒教)가 전래되면서부터 명확해졌는데, 귀천은 선비·농민·공장(工匠)·상인 등의 순으로 되었다. 이러한 신분차별은 수백 년 동안 계속되다가, 1894년(고종 31)의 갑오개혁 이후 점차 그 질서가 무너졌다.

## ❺ 開物成務(개물성무) 开物成务 열 **開** 만물 **物** 이룰 **成** 힘쓸 **務**

사물을 열어 일을 이룬다.

유교의 경전인 《주역(周易)》 나오는 말이며, 고대 중국에서 복서(卜筮)를 통해서 사물의 의미를 알아내었는데 이를 「개물성무」라고 했다. 이후 개물성무는 만물의 이치를 깨달아 세상의 일을 이룬다는 의미로 해석되었고, 조선말에는 새로운 세상을 열어가는 개화사상에 중요한 의미를 담은 말로 사용되기도 하였다.

《주역(周易)》 계사상(繫辭上)에서 「역이란 사물을 열어주고 일을 이루어 천하의 모든 도를 포괄하는 것이다(夫易 開物成務 冒天下之道)」라고 한 데에서 유래한다. 계사전에는 이어서 「성인이 천하의 뜻을 통하여 천하의 업을 정하고 천하의 의문을 해결한다(聖人以通天下之志 以定天下之業 以斷天下之疑)」고 했는데, 주석가들은 보통 개물은 「통천하지지(通天下之志)」 성무는 「정천하지업(定天下之業)」을 의미한다고 풀이한다.

고대에는 복서(卜筮)를 통해 점을 쳐서 인간사를 잘 처리해 가고 목적하는 일을 성취했는데 개물성무는 이를 의미한다. 송대의 성리학자 주자가 개물성무를 주석하여 「복서를 하여 길흉을 알아서 사업을 이루게 함을 이른다. 천하의 도를 포괄했다는 것은 괘효(卦爻)가 이미 설치됨에 천하의 도가 모두 그 가운데에 들어 있음을 이른다」고 한 것은 이를 말한다.

이 의미가 후에 확대되어 문명을 열고 이루어가는 활동을 의미하게 되었다. 인륜 · 정치 · 제도 · 문물의 각 분야를 열어 문명의 꽃을 피우려는 모든 활동을 지칭하게 된 것이다.

특히 개물성무의 의미는 한국 근대사에서 다시 부각되어 개화파 사상의 중요한 원천으로 작용했다. 이는 개화의 의미에 관해 「만물의 뜻을 깨달아 천하의 일을 이루고 백성을 교화해서 풍속을 이루는 것이 바로 개화다(開物成務 化民成俗)」라고 풀이한 데서 볼 수 있다. (《원불교대사전》)

## ❻ 念茲在茲 (염자재자)

念茲在茲　　생각할 **念** 이 **茲** 있을 **在**

자나 깨나 생각하며 잊지 아니한다는 뜻.

《서경》 대우모(大禹謨)편에 있는 말이다.

순임금이 우(禹)에게 말했다.

「내가 임금 자리에 앉은 지도 33년이 넘었고, 나이도 이미 아흔을 넘어 백 살이 되어 가고 있으며, 일에도 싫증이 나니, 게을리 하지 말고 나의 백성들을 다스려 주시오」

고 요

「저의 덕을 감당할 수 없으니, 백성들이 따르지 않을 것입니다. 고요(皐陶)는 힘을 써서 덕을 뿌리고, 그 덕은 내려갔으니 백성들이 그를 따르고 있습니다. 임금님께서는 이 점을 굽어 살피시기 바랍니다. 그 사람을 생각하는 것은 그의 공적 때문이고(念茲在茲), 그 사람을 버려도 공적은 남아 있으며, 그 사람의 이름을 말하는 것도 공적 때문이며, 그 사람에 대한 믿음이 우러나오는 것도 공적 때문이니, 임금님께서는 그의 공을 생각하십시오(朕德罔克 民不依 皐陶邁種德 德乃降 黎民懷之 帝念哉 念茲在茲 釋茲在茲 名言茲在茲 允出茲在茲 惟帝念功)八字

## ❼ 無子息上八字 (무자식상팔자)

없을 **無** 아들 **子** 숨쉴 **息** 여덟 **八** 글자 **字**

---

{이 항(**稼**)은 글자 특성상 고사성어 열매가 열리 않아 위 고사성어로 대체했다}

「자식 없는 팔자가 가장 좋다」는 말로, 자식이 없으면 걱정거리가 없다는 말.

《장자(莊子)》 천지편에 있는 이야기다.

요(堯)임금이 먼 곳을 여행할 때였다. 화(華)라고 하는 곳에 갔을 때, 국경 수비장이 그를 알아보고 몹시 반기며 축복했다.

「오오, 성인이신 요임금이 아니십니까? 소인이 성인을 축복하는 영광을 베풀어 주시기 바랍니다. 원컨대 성인께서는 부디 오래오래 수(壽)를 누리십시오」

그러나 요임금은 고개를 저었다.

「고맙지만 사양하겠네」

「성인께서는 부디 세상의 가장 큰 부(富)를 누리시기 바랍니다」

「그것도 받아들이고 싶지 않네」

「그럼 건강하고 훌륭한 아드님을 많이 두시기 바랍니다.」

「그건 더더욱 사양하고 싶다네」

국경 수비장이 이상하다는 듯이 말했다

「임금께서는 참 이상하십니다. 세상사람 누구나 바라는 바를 어째서 임금께서는 마다하시는 것입니까」

「자식이 많으면 걱정거리가 끊이지 않고, 부자가 되면 그 때문에 골치가 아프며, 장수하게 되면 욕된 꼴을 많이 겪게 되는 법이라네 . 요컨대 그 세 가지는 무위(無爲)의 참된 덕에 이르는 데 장애가 되거든. 내가 그대의 축원을 사양하는 것은 그 때문일세」

요임금의 말에 국경 수비장은 냉랭한 표정을 지었다.

「매우 외람된 말입니다만, 소인은 여태까지 임금님을 성인인 줄 알았으나 실제로 뵈오니 군자 정도밖에 안 된다는 사실을 알았습니다. 하늘이 사람을 태어나게 하는 것은 그 사람에게 반드시 직무를 부여하기 때문입니다. 자식이 많더라도 각자 직무를 타고나 그것으로 먹고 살게 되는데 무슨 쓸데없는 걱정이십니까? 또, 부자가 되더라도 먹고 남는 것을 만민에게 나누어 주면 됩니다. 그게 뭐 그리 귀찮고 골치 아픈 일이란 말입니까? 요컨대 성인은 거처가 일정하지 않으며 자취도 남기지 않는다고 알고 있습니다. 도가 베풀어지는 세상에서는 만물과 함께 번영하고, 도가 베풀어지지 않는 세상에서는 자기 혼자만의 덕을 닦으며 조용히 산다고 하지요. 그렇게 천 년을 살다가 세상이 싫어지면 속세를 버려 선경(仙境)에 올라가고, 흰 구름을 타고서 하느님의 이상향(理想鄕)에 이른다고 합니다. 이렇듯 장수와 부유함과 자식 많음이 전혀 수고스럽지 않고 몸에 아무런 해가 되지도 않는데 무슨 걱정에다 골칫거리고 욕이 된다는 것입니까? 참으로 실망스럽습니다」

요임금

이 말을 듣고 요임금은 크게 깨달았다.

## ❽ 務茲稼穡(무자가색)

务兹稼穑 힘쓸 **務** 이 **茲** 심을 **稼** 거둘 **穡**

《천자문(千字文)》에 있는 말이다.

「농업으로써 나라 다스리는 근본을 삼으니, 백성들은 곡물을 심고 거두는 일에 힘써야 한다(治本於農 務玆稼穡)」

「농자천하지대본(農者天下之大本)」이니 농사에 힘쓰라는 말이다.

《관자(管子)》 목민(牧民)편에 보면 「창고가 차 있으면 예절을 알고 의식이 족하면 영욕을 안다(倉廩實則知禮節 衣食足則知榮辱)」라는 구절이 있다.

즉, 먹고 입는 것이 족해야만 예절을 안다는 뜻이다. 농업으로써 나라 다스리는 근본을 삼으니 백성들은 곡물을 심고 거두는 일에 힘써야 한다. 의식이 풍족하려면 생업(生業)에 힘써야 한다는 말이다.

관 중

《관자》는 관중(管仲)이 지은 것으로 되어 있지만 실상은 그의 사상적 계통을 이은 사람들에 의해 훨씬 뒤에 된 것으로 보고 있다. 그러나 이 《관자》 속에 나오는 기록들은 그가 실제로 한 말과 행한 일들이 많이 수록되어 있다고 보아 좋을 것이다.

아무튼 모든 정치적 기반을 경제에 둔 관중은 이론가로서 또 실제 정치인으로서 후대에 미친 영향이 컸다. 내 배가 고프면 남의 배고픈 것을 동정할 여지가 없고, 먹고 입는 문제를 해결하지 못하면 명예 같은 것이 그다지 중요하게 느껴질 리가 없다.

《맹자》 에도, 「떳떳한 생활이 없으면 떳떳한 마음을 가질 수 없다」고 했다. 입고 먹는 것이 넉넉해야 예의니 체면이니 하는 것을 알게 된다고 한 이 말은 참으로 불변의 진리를 잘 나타낸 말이라 할 수 있다.

옛날에 농사일만큼 중요한 것은 없었다. 심고 거두는 일이 제대로 되어야 세금도 걷고 나라가 유지되고 백성들은 먹고 산다. 흉년이 몇 해 거듭되면 왕조가 사라지기도 한다. 반란과 역성혁명이 일어나는 것이다. 농사에 국운이 달려있고 온 백성의 생사가 달려있으므로 농사철에는 전쟁을 일으켜 징발하는 일을 피했고 부역(賦役)도 시키지 않는다.

## 83. 俶載南畝 我藝黍稷 俶载南亩 我艺黍稷

(숙재남무 아예서직)

❶ 俶載南畝 (숙재남무)

❷ 千載一遇 (천재일우)

❸ 南橘北枳 (남귤북지)

❹ 牛頃百畝 (우경백무)

❺ 我田引水 (아전인수)

❻ 貪賂無藝 (탐뢰무예)

❼ 黍離之歎 (서리지탄)

❽ 社稷之臣 (사직지신)

# 풀이

## ❶ 俶載南畝(숙재남무) 俶载南亩　비로소 俶 실을 **載** 남녘 **南** 이랑 **畝**

《천자문》에 있는 말이다.

「남쪽 이랑에서 일을 시작하니, 나는 기장과 피를 심었네(俶載南畝 我藝黍稷)」

사서삼경(四書三經)의 하나인 《시경(詩經)》은 공자가 편찬한 고대 중국의 민요집(民謠集)이다. 농경사회의 민요에 농사와 관련된 노래가 많이 등장하는데, 이를 농요(農謠)라고 할 수 있다.

「숙재남무」는 《시경》 소아(小雅)편 「대전(大田 : 드넓은 밭)」에 나오는 구절이다.

넓은 밭에 심을 벼가 많아 씨앗 고르고 농기구 찾아
이미 준비하고 날카로운 보습 들고 들에 나가니
남쪽 이랑에서 일을 시작하여 온갖 곡식 씨 뿌리니
싹은 곧고 찬지라, 증손의 마음 흡족하네

大田多稼 旣種旣戒　대전다가 기종기계
旣備乃事 以我覃耜　기비내사 이아담사
俶載南畝 播厥百穀　숙재남무 파궐백곡
旣庭且碩 曾孫是若　기정차석 증손시약

「아예서직(我藝黍稷)」은 한 해의 결실에 대한 감사와 이듬해의 풍년을 기원하는 제사를 의미하는 사직(社稷)을 나타내는 상징적인 구절로서, 토지신과 곡식을 관장하는 신에게 바치는 술인 울창주(鬱鬯酒)의 재료인 기장을 말한다. 그리고 「예(藝)」라는 글자를 통해 은연중에 기장을 비롯한 오곡을 정성껏 관리하면서 공자와 같은 학문의 도를 완성하겠다는 의지를 내포하고 있다.

## ❷ 千載一遇(천재일우) 千載一遇 일천 千 해 載 한 一 만날 遇

천재(千載)는 천 년(千年)과 같은 말이다. 천 년 만에 한 번 만나게 되는 것이 「천재일우」다. 천 년은 물론 과장된 말이다. 평생을 두고 한 번 있을까 말까 한 그런 좋은 기회를 가리켜 흔히 쓰는 문자다.

백낙상마(伯樂相馬) 조소(彫塑)

이 말은 동진의 원굉(袁宏)이 쓴 《삼국명신서찬》에 나오는 말이다. 원굉이 삼국 시절의 건국 공신 스무 명을 골라 그들 한 사람 한 사람의 행장을 칭찬하는 찬(贊)을 짓고, 거기에 서문을 붙인 것이 《삼국명신서찬》이다. 그는 이 서문에서, 「백낙(伯樂)을 만나지 못하면 천 년을 가도 천리마 하나 생겨나지 않는다」고, 훌륭한 임금과 신하가 서로 만나기 어렵다는 것을 비유한 다음, 「대저 만 년에 한 번 기회가 온다는 것은 사람이 살고 있는 세상의 공통된 원칙이요, 천 년에 한 번 만나게 된다는 것은 어진 사람과 지혜로운 사람이 용케 만나는 것이다. 이런 기회를 만나면 그 누가 기뻐하지 않으며, 이를 놓치면 그 누가 한탄하지 않겠는가」라고 했다. 여기서 백낙은 유명한 명마 감별사의 이름이다. 특히 「천재일우」는 사업을 하는 사람들에게 있어서 아주 중요한 말이다.

## ❸ 南橘北枳(남귤북지) 南橘北枳 남녘 **南** 귤나무 **橘** 북녘 **北** 탱자나무 **枳**

「강 남쪽에 심은 귤을 강 북쪽에 옮겨 심으면 탱자가 된다」는 뜻으로, 사람은 그 처한 환경에 따라서 기질도 변함을 이르는 말이다. 같은 사람이라도 그가 살고 있는 주위 환경이 달라지면 생각과 행동이 달라지는 법이다. 《안자춘추(晏子春秋)》에 있는 이야기다.

춘추시대 말, 제(齊)나라에 유명한 안영(晏嬰)이란 재상이 있었다. 공자도 그를 형님처럼 대했다는 이 안영은 지혜와 정략이 뛰어난데다가 구변과 담력 또한 대단했고, 특히 키가 작은 것으로 더욱 이름이 알려져 있었다.

어느 해 초(楚)나라 영왕(靈王)이 안영을 자기 나라로 초청했다. 안영이 하도 유명하다니까 얼굴이라도 한번 보았으면 하는 호기심과 그토록 대단하다는 안영의 코를 납작하게 만들겠다는 심술 때문이었다. 영왕은 간단한 인사말을 끝내기가 바쁘게 이렇게 입을 열었다.

「제나라에는 그렇게 사람이 없소?」

「어찌 그런 말씀을 하십니까? 길가는 사람은 어깨를 마주 비비고 발꿈치를 서로 밟고 지나가는 형편입니다」

「그렇다면 하필 경 같은 사람을 사신으로 보낸 까닭은 뭐요?」

안영 공원

안영의 키 작음을 비웃어 하는 말이었다. 외국 사신에게 이런 실례되는 말이 없겠지만, 초왕은 당시 제나라를 대단치 않게 보았기 때문에 이런 농을 함부로 했다. 안영은 서슴지 않고 태연히 대답했다.

「그 까닭은 이렇습니다. 우리나라에서는 사신을 보낼 때 상대방 나라에 맞게 골라서 보내는 관례가 있습니다. 즉 작은 나라에는 작은 사람을, 큰 나라에는 큰 사람을 보내는데, 신은 그 중에서도 가장 작은 편에 속하기 때문에 뽑혀서 초나라로 오게 된 것입니다」

상대를 놀려주려다가 보기 좋게 한방 먹은 초왕은 얼굴이 화끈거렸다. 첫 번째 계획이 실패로 돌아가자 두 번째 계획으로, 궁궐 뜰 아래로 포리들이 죄인을 앞세우고 지나갔다. 왕은 포리를 불러 세웠다.

「여봐라! 죄인은 어느 나라 사람이냐?」

그러자 포리가 대답했다.

「제나라 사람이옵니다」

「죄명이 무엇이냐?」

「절도죄이옵니다」

그러자 초왕은 안영을 바라보며 말했다.

「제나라 사람은 원래 도둑질을 잘하오?」

계획 치고는 참으로 유치했으나, 당하는 안영에게는 이 이상의 모욕은 있을 수 없었다. 그러나 안영은 초연한 태도로 대답했다.

「강 남쪽에 귤이 있는데, 그것을 강 북쪽으로 옮겨 심으면 탱자가 되고 마는 것은 토질 때문입니다. 제나라 사람이 제나라에 있을 때는 원래 도둑질이 뭔지도 모르고 자랐는데, 그가 초나라로 와서 도둑질을 한 것을 보면 역시 초나라의 풍토 때문인 줄로 아옵니다」

며칠을 두고 세운 계획이 번번이 실패로 돌아가게 되자, 초왕은 그제야 그만 안영에게 항복을 하고 말았다.

「애당초 선생을 욕보일 생각이었는데, 결과는 과인이 도리어 욕을 당하는 꼴이 되었구려」 하고 크게 잔치를 벌여 안영을 환대하고, 다시는 제나라를 넘보지 않았다.

## ❺ 牛耕百畝(우경백무) 牛耕百亩 소 **牛** 밭갈 **耕** 일백 **百** 이랑 **畝**

《추구(推句)》에 있는 말이다.

「말은 천리의 길을 가고, 소는 백 이랑의 밭을 간다(馬行千里路 牛耕百畝田)」

《추구》는 선조들이 어린 학동들의 교육을 위해서 만든 기초 한문 교재라 할 수 있다. 중국의 명시(名詩)와 우리의 명현(明賢)들의 아름다운 오언절구(五言絶句) 및 율시(律詩) 중에서 뛰어난 시구(詩句)를 발췌하여 모아 엮은 책으로 오언(五言) 일구(一句)로 된 좋은 대구(對句)들을 뽑아 만들었다.

《천자문》, 《사자소학(四字小學)》과 함께 가장 먼저 익히는 책이었는데, 《천자문》은 주로 한자를 익히는 데 이용되고, 《사자소학》

은 인간의 윤리도덕을 강조한 반면, 이 《추구》는 좋은 시구를 익힘으로써 어린 학동들의 정서함양과 사고력 발달 및 시부(詩賦)의 이해와 문장력 향상에 그 목적이 있다 할 수 있을 것이다.

이를테면,

하늘이 높으니 해와 달이 밝고
땅이 두터우니 풀과 나무가 자란다

天高日月明　地厚草木生　천고일월명　지후초목생

## ❺ 我田引水(아전인수) 我田引水 나 **我** 밭 **田** 끌 **引** 물 **水**

자기 논에만 물을 끌어넣는다는 뜻으로, 자기의 이익을 먼저 생각하고 행동함. 또는 억지로 자기에게 이롭도록 꾀함을 이르는 말.

비슷한 뜻으로, 「견강부회(牽强附會)」라는 성어가 있다. 가당치도 않은 말을 억지로 끌어다 대어 자기주장의 조건에 맞도록 함을 비유하는 말로서, 전혀 가당치도 않은 말이나 주장을 억지로 끌어다 붙여 조건이나 이치에 맞추려고 하는 것을 비유한 말이다.

도리나 이치와는 상관없이 자신의 주장만을 내세우면서 합당하다고 우기는 꼴이니, 지나치게 자신의 의견만을 고집하면서 다른 사람들의 견해에는 전혀 귀를 기울이지 않는 사람을 가리킬 때 자주 쓰는 표현이다.

# ❻ 貪賂無藝 贪赂无艺 탐할 貪 뇌물 賂 없을 無 다할 藝

(탐 뢰 무 예)

뇌물을 탐함에 그 끝이 없다.

《국어(國語)》 진어(晉語)에 있는 말이다.

춘추시대, 진(晋) 나라 대부 숙향(叔向)이라는 사람이 한선자(韓宣子, 韓起)를 만나러 갔다. 한선자가 재물이 많지 않다고 말하자, 숙향은 그에게 축하한다고 말했다. 한선자는 이를 이상하게 여겨 물었다.

「나는 상경이라는 이름만 있을 뿐 유명무실하니(吾有卿之名而無其實), 대부들과 비교할 수 없네. 나는 이것 때문에 근심을 하고 있는데, 자네는 왜 나에게 축하를 한다는 말인가?」

숙향은 다음과 같은 고사를 들려주었다.

「옛날 난무자(欒武子)는 경대부를 지낼 때, 겨우 일백 명의 하인에 2백 경(頃)의 땅만이 있었으며, 집안에는 조상들에게 제사지낼 그릇조차 변변히 없었습니다. 그는 다만 선왕(先王)들의 법령과 덕행으로 일을 처리하여 많은 백성들로부터 존경을 받았습니다. 각 제후들이 그와 교제하기를 원하였으며, 심지어는 변방의 소수민족들까지도 그에게 의지하였습니다. 그의 아들이 아버지의 자리를 물려받았는데, 그는 매우 포악하고 사치스러워 많은 재물들을 긁어모으는 데 끝이 없었습니다(驕泰奢侈 貪欲無藝). 이러한 행동은 마땅히 벌을 받아야 하지만, 그는 아버지의 덕행 덕분에 화를 면할 수 있었습니다. 이제 경께서는 당시의 난무자처럼 재산이 없으시니, 저는 경께서 덕정(德政)을 펴시어 화를 면할 수 있을 것으로 생각하기에 축하를 드렸던 것입니다」

## 7 黍離之歎(서리지탄) 黍离之叹 기장 **黍** 떠날 **離** 의 **之** 탄식할 **歎**

세상의 영고성쇠(榮枯盛衰)가 무상함을 한탄함.

나라가 망하고 옛 도성의 궁궐터가 밭으로 변해버린 것을 한탄하는 것을 「서리지탄」이라고 한다. 「흥망이 유수하니 만월대(滿月臺)도 추초(秋草)로다」 하는 고려의 유신들이 읊은 망국탄과도 같다고 할까. 이 서리지탄이란 문자가 생겨나게 된 「서리(黍離)」란 말은 《시경》 왕풍(王風)에 나오는 시의 제목이다. 이 시는 3장으로 되어 있는데, 그 첫 장만을 소개하면 다음과 같다.

저 기장의 무성함이여
저 피(稷)의 싹이여
가는 걸음의 더딤이여
속마음이 어지럽도다.
나를 아는 사람은
나를 일러 마음이 아프다 하는데
나를 모르는 사람은
나를 일러 무엇을 찾는가 한다.
아득한 푸른 하늘이여
이것이 누구의 탓입니까?

被黍離離 被稷之苗 피서이리 피직지묘
行邁靡靡 中心搖搖 행매미미 중심요요
知我者 謂我心憂 지아자 위아심우

不知我者 謂我何求　부지아자　위아하구
悠悠蒼天 此何人哉　유유창천　차하인재

이 시에 대한 《모시(毛詩 : 詩傳)》의 서(序)에 따르면, 이 시는 주(周)나라 대부가 원래 주나라의 종묘와 궁궐이 서 있던 자리에 기장과 피가 무성하게 자라나 있는 것을 보고, 주나라의 쇠망을 슬퍼하며 차마 그 앞을 그대로 지나치지 못하고 서성거리며 지은 시라고 한다. 「서리」의 「리(離)」는 「이리(離離)」가 약해진 것으로, 무성하다는 뜻이다.

기 자

여기에 견주어, 은(殷)의 폭군 주왕(紂王)의 학정을 간하다 쫓겨나 숨어 살다가, 주(周) 무왕이 은을 멸망시키고 무왕의 부름을 받은 기자가 은나라 옛 도성을 지나게 되었다. 그렇게 번화하던 거리는 흔적마저 없고, 궁궐이 서 있던 자리에도 밭을 만들어 곡식들이 무성하게 자라고 있었다. 기자는 무상한 조국의 흥망에 감개를 이기지 못하여 눈물 대신 맥수지시(麥秀之詩)를 지어 읊었다.

옛 궁궐 자리에는 보리만이 무성해 있고
벼와 기장들도 잎이 기름져 있다.
화려하던 도성이 이 꼴로 변해 버린 것이 그 미친 녀석(紂)이
내 말을 듣지 않았기 때문이다.

麥秀漸漸兮 禾黍油油 맥수점점혜 화서유유
彼狡童兮 不與我好兮 피교동혜 불여아호혜

여기에서 망국지탄을 「맥수지탄」이라 말하게 되었고, 고국의 멸망을 탄식한 노래를 「맥수가」니 맥수의 시니 하고 말하게 되었다.

송대(宋代)의 유학자 주자(朱子, 1130~1200)는 이 시에 관하여 「주(周)나라가 수도를 옮기고 나서 대부들이 옛 도읍을 찾아왔을 때 주나라의 종묘와 궁궐은 없어지고 그곳에 기장이 자란 모습을 보며 주나라의 왕실 권위가 땅에 떨어짐을 슬피 여기면서 떠나지 못하고 한탄하였다」라고 설명했다.

나라가 망하자 도성(都城)의 대궐 터가 기장 밭으로 바뀌어 황폐해진 것을 보고 한탄한다는 뜻으로, 부귀영화(富貴榮華)의 무상함을 탄식하는 말이다.

## ❽ 社稷之臣 (사직지신) 社稷之臣 토지신 **社** 피 **稷** 갈 **之** 신하 **臣**

나라의 안위와 존망을 담당한 중요한 신하.

사직(社稷)이란 본래 고대 중국에서 새로 나라를 세울 때 왕이 제사를 지내던 토지 신과 곡식 신을 가리키는 말이었다. 그런데 이 말이 점차 변하여 나라와 조정을 가리키는 표현이 되었다.

「종묘사직(宗廟社稷)이 우리의 두 어깨에 달려 있다」

이때의 종묘(宗廟)는 왕가의 조상 위패를 두던 사당인데, 이 말이 변하여 왕실 또는 조정을 가리키게 되었다. 그래서 종묘사직은 「왕실과 나라」를 뜻한다.

아주 오래 전에는 쌀이나 보리 대신 기장이나 수수 같은 곡식이 주요 작물이었다. 그래서 지금도 기장과 수수는 오곡(五穀) 가운데 포함된다.

유네스코세계유산 우리나라 종묘

세 숙 공 신 권 상 출 척

## 84. 稅熟貢新 勸賞黜陟 税熟贡新 劝赏黜陟

| | | | | | | | |
|---|---|---|---|---|---|---|---|
| ❶ | | | | 稅(세) | 熟(숙) | 貢(공) | 新(신) |
| ❷ | | 深(심) | 思(사) | 熟(숙) | 考(고) | | |
| ❸ | 惟(유) | 定(정) | 之(지) | 貢(공) | | | |
| ❹ | 白(백) | 頭(두) | 如(여) | 新(신) | | | |
| ❺ | | | | 勸(권) | 善(선) | 懲(징) | 惡(악) |
| ❻ | 論(논) | 功(공) | 行(행) | 賞(상) | | | |
| ❼ | | | | 黜(출) | 陟(척) | 幽(유) | 明(명) |
| ❽ | 勸(권) | 賞(상) | 黜(출) | 陟(척) | | | |

# 풀이

## ❶ 稅熟貢新(세숙공신) 税熟贡新 구실 **稅** 익을 **熟** 바칠 **貢** 새 **新**

《천자문》에 있는 말이다.

「익은 곡식으로 세금 내고 새 곡식으로 종묘에 제사를 지내는데, 권면하여 상을 주거나 벌주어 내치기도 한다(稅熟貢新 勸賞黜陟)」

농사꾼은 곡식으로 세금을 낸다. 그리고 새 곡식으로 제사를 지낸다. 나라에서는 세금을 거두고 종묘사직에 제사를 지낸다. 따라서 농업을 다스리는 유사(有司, 벼슬아치)는 그 직분을 다하여 농사를 권면(勸勉)하여 새로 거두어들인 곡식을 조세로 헌납하게 하여야 한다.

공세(貢稅)의 의무를 다하면 통치자는 유사에게 상을 주거나 혹은 관직의 등급을 올려 포상(褒賞)하고, 감독이 소홀하여 세금을 제대로 걷지 못했을 경우 벼슬아치를 벌주거나 내쫓았다. 이렇게 해서 농업을 장려하고, 조세를 거두며 관기(官記)를 숙정(肅正)했다.

맹자는 이상적인 정치 모델로 여겼던 「왕도정치(王道政治)」를 실현하기 위한 수단으로, 「토지 개혁」과 함께 「세제 개혁」을 주창했다.

맹자는 고대 중국의 현인인 용숙(龍叔 : 용자)의 말을 빌려, 군주가 농지(農地)를 다스릴 때 은(殷)나라의 조법(助法)보다 좋은 것이 없으며, 또한 하(夏)나라의 공법보다 나쁜 것이 없다고 했다. 이렇게 보면 맹자가 귀족들의 토지사유와 세습제를 반대하고, 정전(井田) 혹은 공전(公田)으로의 개혁을 통해 토지의 공유제를 시행하고자 한 것을 알 수 있다.

정전제

정전제(井田制)는 중국 하(夏)・은(殷)・주(周) 삼대의 유제(遺制)로서, 토지의 한 구역을 「정(井)」 자로 9등분하여 8호의 농가(私田)가 각각 한 구역씩 경작하고, 가운데 있는 한 구역은 8호가 공동으로 경작(公田)하여 그 수확물을 국가에 조세로 바치는 토지제도였다.

## ❷ 深思熟考 (심사숙고)

深思熟考 깊을 **深** 생각 **思** 익을 **熟** 생각할 **考**

깊이 생각하고 오래도록 고찰함.

그런가 하면 심사숙고하기에는 시간이 부족하거나 상황이 급하여 눈앞의 문제를 해결하는 데 급급한 경우도 많다.

이를테면 「임기응변(臨機應變)」, 「임시방편(臨時方便)」, 「미봉책(彌縫策)」, 「고식지계(姑息之計)」 등이 있다.

## ❸ 惟正之貢 (유정지공)

惟正之贡 생각할 **惟** 바를 **正** 갈 **之** 바칠 **貢**

해마다 의례(儀禮)로 궁중(宮中) 및 서울의 고관에게 바치던 공물(貢物). 《서경(書經)》에 있는 말이다.

「주공이 아뢰기를, 오호라! 태왕과 왕께서는 스스로 겸손하고 두려워하실 줄 아셨습니다. 문왕께서는 허름한 옷을 입고 편히 해주는 일과 밭일을 하셨으니 밝고 부드럽고 훌륭하고 공손하시어 낮은 백성들을 아끼고 보호하시고 홀아비와 과부들도 사랑하고 잘 돌봐주셨습니다.

아침부터 해가 지기까지 끼니 드실 틈도 없으니 만백성들을 모두 화평케 하셨습니다. 문왕께서는 감히 돌아다니며 사냥하기를 즐기지 않으시어 여러 나라를 다스림에 공손하게 하셨으니(以庶邦惟正之供) 중년에 하늘의 명을 받으시어 오십 년 동안 화평세대를 누렸습니다」

「유정지공(惟正之供)」이라고도 한다.

## ❹ 白頭如新 (백두여신) 白头如新 흰 **白** 머리 **頭** 같을 **如** 새로울 **新**

머리가 파뿌리처럼 되기까지 교제하더라도 서로 마음이 안 통하면 새로 사귀기 시작한 사람과 같다는 뜻으로 사람을 알아보는 일이 어려움을 이르는 말이다.

《사기》 노중련추양열전(魯仲連鄒陽列傳)에 있는 이야기다.

전한(前漢) 초기에 추양(鄒陽)이라는 사람이 있었다. 그는 양(梁)나라에서 무고하게 사형선고를 받았다.

옥중에서 양나라의 왕에게 자신의 억울함을 호소하는 글을 올렸다. 주된 요지는 여러 예를 들면서 사람이 사람을 아는 것이 쉽지 않다는 것이었다.

「형가(荊軻)는 연(燕)나라 태자 단(丹)의 의협심을 존경하여, 그를 위해 진(秦)나라 시황제를 암살하러 갔었습니다. 그러나 태자 단도 형가를 겁쟁이라고 의심한 일이 한 번 있었습니다. 또 변화(卞和)는 보옥(寶玉

: 화씨벽)의 원석을 발견하여 초나라 왕에게 바쳤는데, 왕이 신용하지 않았습니다. 오히려 임금을 기만하는 자라 하여 옥에 가두었을 뿐만 아니라 발을 베는 형에 처했습니다. 이사(李斯)는 전력을 기울여 진나라 시황제를 위해 활동하고 진나라를 부강하게 했으나 마지막에 2세 황제로부터 극형에 처해졌습니다. 아무리 오랫동안 교제하더라도 서로 이해하지 못함은 새로 사귄 벗과 같습니다(白頭如新 傾蓋如故)」

양나라 왕은 이 글을 읽고 감동하여 그를 석방했을 뿐만 아니라, 상객으로 맞이해 후히 대접했다.

## ❺ 勸善懲惡(권선징악) 劝善惩恶 권할 **勸** 착할 **善** 징계할 **懲** 악할 **惡**

좌구명

글자 그대로 착한 일을 권장하고 악한 짓을 징계한다는 말이다.

좌구명(左丘明)의 《춘추좌씨전》에 다음과 같은 글이 있다.

「춘추시대의 말은 알기 어려운 듯하면서도 알기 쉽고, 쉬운 듯하면서도 뜻이 깊고, 완곡하면서도 정돈되어 있고, 노골적인 표현을 쓰지만 품위가 없지 않으며, 악행을 징계하고 선행은 권한다. 성인이 아니고서야 누가 이렇게 지을 수 있겠는가(春秋之稱 微而顯 志而晦 婉而成章 盡而不汚 懲惡而勸善 非聖人誰能修之)」

이 글의 「징악이권선(懲惡而勸善)」이라는 어구에서 「권선징악」이라는 말이 나온 것이다. 《춘추》는 오경(五經)의 하나로 주대(周代) 노(魯)나라를 중심으로 한 사서(史書)이다. 노나라의 12대 242년의 역사를 노나라의 사관(史官)이 편년체로 기록한 것을 공자가 윤리적 입장에서 필삭(筆削)하여 정사선악(正邪善惡)의 가치판단을 한 책으로 어느 경전보다 이른바 권선징악적 기술이 많다.

공자는《춘추》를 자신의 분신처럼 알고 후세 사람들의 비판과 모범을 《춘추》로 받으려 했을 만큼 심혈을 기울여 적었으며, 후세에 당당하게 내놓을 만한 내용을 담은 책이다.

《춘추좌씨전》은 《춘추》의 주석서(註釋書)이며 좌구명(左丘明)의 저작으로 전해지고 있다.

중국 역사상 대부분의 왕들은 공자나 맹자의 왕도정치를 이상으로 알았고, 도덕적으로 권선징악을 해야 한다고 하면서 실행 면에서 한비(韓非)의 법가(法家)식 권선징악을 더 따랐던 것을 볼 수 있다.

한 비

한비는 춘추시대 말의 정치가·법률가로서, 이사(李斯)와 함께 순자(荀子)에게 법률을 배웠다. 나라가 날로 어지러워짐을 슬퍼하여 왕에게 새로운 개혁과 질서 확립을 건의하였으나 허락을 얻지 못하였다. 이에 법률제도를 밝혀 군주의 권력을 확립하고, 신하를 법률로써 다스려 부국강병(富國强兵)을 도모하였다.

너무 글을 읽는 데만 치우친 유교의 무기력한 교육을 배척하고, 순자의 성악설(性惡說), 노장(老莊)의 무위자연설(無爲自然說)을 받아들여 법가의 학설을 대성시켰다. 그의 학설은 당시의 현실정치를 직접 반영시킨 것으로 진왕이 실시하였으나 뒤에 질투심 많은 이사와 요가(姚賈)의 참소로 독살 당했다. 형법의 여러 이론들을 설명하고 풀이한 《한비자(韓非子)》란 유명한 저서를 남겼다.

《한비자》는 한비 및 그 일파의 저술 55편을 수록한 것으로, 법치주의를 근본으로 한 사상을 전개하고 있으며 법률과 형벌로써 정치의 기초를 설명하고 있다.

## ❻ 論功行賞(논공행상) 論功行賞 논할 **論** 공훈 **功** 행할 **行** 상줄 **賞**

공(功)이 있고 없음이나, 크고 작음을 따져 거기에 알맞은 상을 줌.

《삼국지》 오서(吳書) 고담전(顧譚傳)에 「공을 따져 상을 주되 차이를 두다(論功行賞 各有差)」에서 비롯됐다.

삼국시대 오(吳)나라의 태상 고담(顧譚)은 명장 고옹(顧雍)의 손자로서, 어렸을 때부터 명민했다. 그는 모든 일을 막힘없이 처리하며, 사물을 보는 눈이 독창적이어서 사람들로부터 존경을 받고 있었다. 그는 꾸밈없는 인품으로 누구에게나 솔직하게 말하였다. 국왕인 손권(孫權)에게도 진언을 한 일이 있었다. 그 후부터 손권은 가끔 그를 불러 그의 의견을 들었다.

한번은 노(魯)나라 왕 손패(孫覇)가 오나라 태자 손화(孫和)와 같은 대우를 해주기를 손권에게 요구해 왔다. 고담은 역사상 형제간 싸움의 사례를 들어 손패의 요구를 듣지 말도록 손권에게 진언하였다. 이 일이 있은 후 손패는 고담을 원망하게 되었다.

그 무렵 위(衛)나라 장군 전종(全琮)의 아들 전기(全奇)가 고담과의 면담을 청하였다가 거절당한 일이 있었다. 그러자 이 일을 빌미로 해서 손패와 전기는 손을 잡고 고담을 실각시키기 위한 계략을 꾸미기 시작하였다.

얼마 후, 손권은 전종을 대장으로 삼아 위(魏)나라 회남으로 출병하여 위나라 장수 왕릉(王凌)과 작피에서 결전을 벌였다. 그러나 오나라 군사는 대패하여 진황(秦晃) 등 10여 명의 장수를 잃었다.

오주 손권

당시 고담의 아우 고승(顧承)과 장휴(張休) 두 부장은 수춘(壽春)에서 작전 중이었는데, 작피의 패전 소식을 듣고 즉각 구원하러 가서 위나라 왕릉의 군사를 무찔렀다.

전종의 아들 전서(全緖)와 조카 전서(全瑞)도 오나라 군사의 부장으로서 종군하고 있었는데, 위나라 군사의 추격이 저지당하였다는 것을 알고는 반격으로 전환하였다. 마침내 위나라 군사는 반격에 견디지 못하고 패주하였다.

전투가 끝난 후, 오나라 수도 건업에서 공적을 조사하여 상을 내렸는데 각기 차이를 두었다(論功行賞 各有差). 위나라 군사를 저지한 공을 甲, 반격한 공을 乙로 하였다. 이에 따라 고승과 장휴에게는 정장군(正將軍)의 칭호를, 전종의 두 아들에게는 편장(偏將)의 칭호를 내렸다. 이

일로 전종·전기 부자의 고담 형제에 대한 원망은 더욱 가중되었다. 그들은 손패를 통하여 손권에게 상신하였다.

「고승과 장휴는 전군(典軍) 진순(陣恂)과의 친분에 의해 전공을 그릇 보고하여 주군을 기만했습니다」

조사를 해보지도 않고 이 말만을 믿은 손권은 장휴는 체포하고 고승의 처분은 보류시킨 채 고담에 대해서는 사죄를 받고 용서하기로 했다. 다음날 손권은 고담에게 물었다.

「계씨(季氏) 고승의 건은 어쩔 셈이오?」

손권의 추궁에 고담은 사죄는커녕 도리어 그릇된 상신을 믿는 손권을 책하였다. 손권은 노하여 고담·고승 형제를 변방으로 좌천시켰다. 이 일로 인한 고담의 비분의 정을 《신언(新言)》 20편으로 엮어 썼는데, 2년 뒤에 그 땅에서 죽었다.

논공행상이 공정하지 못함으로써 군신간의 신뢰가 깨지고 신료 간에 암투를 싹트게 하여 마침내는 큰 분란을 초래한 것이다.

## ❼ 黜陟幽明 (출척유명)

黜陟幽明 물리칠 **黜** 올릴 **陟** 그윽할 **幽** 밝을 **明**

관원의 성적이 좋은 사람을 승진시키고, 공적이 없는 사람을 내쫓음. 明은 공적이 있는 사람, 幽는 공적이 없는 사람을 이르는 말이다. 《서경(書經)》 순전편(舜典篇).

## ❽ 勸賞黜陟 (권상출척) 劝赏黜陟 권할 **勸** 상줄 **賞** 내칠 **黜** 오를 **陟**

《천자문》에 있는 말이다.

「익은 곡식으로 세금 내고 새 곡식으로 종묘에 제사를 지내는데, 권면하여 상을 주거나 벌주어 내치기도 한다(稅熟貢新 勸賞黜陟)」

농사일을 추수까지 모두 마치고 나서 실적에 따라 상벌을 시행함으로써 이듬해 농사를 독려한다는 말이다.

공세(貢稅)의 의무를 다하면 통치자는 유사에게 상을 주거나 혹은 관직의 등급을 올려 포상(褒賞)하고, 감독이 소홀하여 세금을 제대로 걷지 못했을 경우 벼슬아치를 벌주거나 내쫓았다. 이렇게 해서 농업을 장려하고, 조세를 거두며 관기(官記)를 숙정(肅正)했다.

「권상」이란 실적이 좋은 이는 보상해 주고(賞), 그렇지 못한 이에게는 힘을 더해주어 다음에는 성취하게 해준다(勸)는 뜻이다. 「출척」은 잘해내지 못한 사람에게는 그의 농사 방법이 진부해서 더 이상 쓰지 말 것을 당부하고(黜), 잘한 사람에게는 높이 들어주어서(陟) 다른 사람들이 이를 보고 배우게 함을 의미한다.

## 85. 孟軻敦素 史魚秉直 孟轲敦素 史鱼秉直

맹가돈소 사어병직

❶ 孟(맹) 母(모) 三(삼) 遷(천)

❷ 孟(맹) 軻(가) 敦(돈) 素(소)

❸ 溫(온) 柔(유) 敦(돈) 厚(후)

❹ 繪(회) 事(사) 後(후) 素(소)

❺ 三(삼) 冬(동) 文(문) 史(사)

❻ 水(수) 魚(어) 之(지) 交(교)

❼ 秉(병) 燭(촉) 夜(야) 遊(유)

❽ 不(불) 問(문) 曲(곡) 直(직)

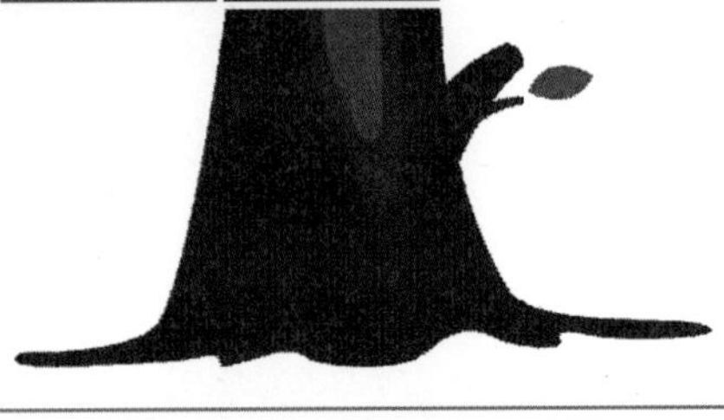

## 풀이

## ❶ 孟母三遷(맹모삼천) 孟母叁迁 만 **孟** 어미 **母** 석 三 옮길 **遷**

맹자의 어머니가 자식을 위해 세 번 이사했다는 뜻으로, 인간의 성장에 있어서 그 환경이 중요함을 가리키는 말. 교육은 환경의 지배를 받는다. 「맹모삼천지교(孟母三遷之敎)」의 준말이다.

현모양처라는 말이 있지만, 그 현모의 표본이 이 맹모이다. 맹모라 함은 맹자의 어머니, 맹자는 두 말 할 것도 없이 전국시대 「유가(儒家)」의 중심인물이며, 「아성(亞聖)」이라고까지 일컬어지는 현철(賢哲), 추(鄒)의 맹가(孟軻, BC 371∼289)를 말한다.

《후한서》 열녀전(烈女傳)에 있는 이야기다.

맹 자

맹자는 어려서 아버지를 잃고 편모슬하에서 자랐다. 맹자의 어머니는 자기의 정열을 오직 아들 성장에만 걸고 있는 것이었다. 어떻게 해서든지 내 아들을 훌륭한 사람으로 만들어야지 하는 지성(至誠)이 이 「삼천지교」라든지 「단기지교(斷機之敎)」라는 훈화를 낳게 한 것이다.

「삼천지교」는 아동의 교육에는 환경의 영향이 심대하며, 교육은 환경의 지배를 받는다는 것을 시사하고 있다.

맹자의 어머니는 처음에 공동묘지 부근에 집을 얻어 살았는데, 맹자

맹모삼천도

가 이웃아이들과 어울려 사람이 죽어서 땅에 묻히고 또는 땅에 엎드려 대성통곡하거나 제사지내는 흉내를 내면서 노는 것을 보고 자식을 기를 곳이 못 된다고 시장 옆으로 이사를 하였다.

그런데 이번에는 맹자가 아이들과 장사하는 흉내를 내면서 놀았다. 그래서 다시 글방 부근으로 집을 옮겼더니 마침내 맹자가 책 읽고 글 배우는 일에 열중하며 어른을 공경하는 태도를 보였다고 한다.

맹자의 어머니는 「이런 곳이야말로 아들을 기를 만한 곳이다」라고 기뻐하였다는 것이다. 이것은 아동교육에 미치는 환경의 중요성을 강조할 때 흔히 인용된다.

그 맹자가 성장하여 어머니 곁을 떠나 유학을 하고 있을 때의 이야기다. 어느 날, 맹자는 오래간만에 집에 돌아와 보니, 어머니는 베를 짜고 있었다. 어머니는 맹자를 반기기는커녕 얼굴에 노기를 띠고,

「네, 학문은 어느 정도 진척되었느냐」 하고 물었다.

「그저 그럴 정도입니다」 하고 맹자가 대답했다. 그 말을 들은 어머니는 갑작스레 옆에 있던 장도를 집어 들더니 짜고 있던 베를 뚝 끊어 버리며,

「네가 중도에서 학문을 그만두는 것은 내가 짜고 있는 베를 도중에서 끊는 것과 같다」 하고 훈계하였다.

맹자는 그제야 깨닫고 송구스러워 그 때부터는 학문에 전력을 기울

여 마침내 공자 다음가는 명유(名儒)로서 알려지게 되었다.

훌륭한 학자의 어머니쯤 되면 어딘지 남과 다른 데가 있는 법이다.

## ❷ 孟軻敦素(맹가돈소) 孟轲敦素 맏 **孟** 굴대 **軻** 도타울 **敦** 흴 **素**

《천자문》에 있는 말이다.

「맹가는 본바탕을 돈독히 닦았으며 사어는 직간을 잘 하였다(孟軻敦素 史魚秉直)」

맹자의 이름은 가(軻), 어려서는 어머니의 가르침을 받고 장성해서는 자사(子思)의 문하에서 공부하여 소양을 두터이 하였다.

맹자는 널리 알려진 대로 「성선설(性善說)」을 주창하여, 사람의 본성을 본디 선한 것으로 보았기 때문에 군자가 백성의 이런 선한 마음을 돈독하게 잘 길러주면 인정(仁政)의 실현이 가능하다고 여겼다. 군자의 처신에 관한 이야기다.

맹자는 본바탕을 돈독히 닦았으며 천부의 소성을 완수하고자 돈소설(敦素說)을 제창했고, 사어는 한결같이 하여 정직함을 잃지 않았다. 임금 앞에서도 죽기로 맹세하고 간언을 했다.

당(唐)나라의 이한(李翰)이 지은 《몽구(蒙求)》에, 「맹가는 소성을 길렀다(孟軻養素)」는 구절이 있는데, 소성은 곧 하늘에서 받은 맑은 성품으로, 성선설의 근원이 되는 것이다.

또 《논어(論語)》 위령공 편에 있는 말이다.

「사어여! 나라에 정도가 행해져도 화살대같이 곧았고, 나라에 정도(正道)가 행해지지 않아도 화살대같이 곧았도다(直哉史魚 邦有道如矢

邦無道如矢)」라는 구절이 있다. 이 말은 곧 하늘로부터 받은 순수한 성품을 더럽히지 말고 나쁜 것에 물들지 말며, 살대같이 곧게 살아야 한다는 뜻이 된다.

## ❸ 溫柔敦厚 (온유돈후) 溫柔敦厚

따뜻할 **溫** 부드러울 **柔** 두터울 **敦** 두터울 **厚**

부드럽고 온화하며 성실한 인품이나, 시를 짓는 데 기묘(奇妙)하기보다 마음에서 우러난 정취가 있음을 두고 이르는 말.

중국 고대 유가의 전통적인 시교(詩敎), 즉 시교란 시에 의한 교화를 이르는 말이다.

《예기(禮記)》 경해(經解)편에 있는 말이다.

「공자께서 말씀하시기를, 그 나라에 들어가면 그 가르침을 알 수 있다. 온화하고 부드러우며 돈독하고 두터운 것이 시의 가르침이다. …… 그 사람 됨됨이가 온화하고 부드러우면서 돈독하고 두터우면서 어리석지 않으면 시에 대해 깊은 이해를 가진 사람이라고 할 수 있다(入其國其敎可知也 溫柔敦厚 詩敎也 …… 其爲人也 溫柔敦厚而不愚 則深于詩者也)」

「온유돈후」는 유가의 전통적인 시교로 자리하면서 오랜 기간 동양의 봉건사회에 절대적인 영향을 끼쳤다. 한편으로 봉건사회 통치계급 내부에서는 이 시교를 이용해 계급사회 구성원들 간의 관계를 합리적으로 운용하였다.

## ④ 繪事後素 (회사후소) 绘事后素

그림 **繪** 일 **事** 뒤 **後** 흴 **素**

본질이 있은 연후에 꾸밈이 있음.

「그림은 먼저 바탕을 손질한 후에 채색한다」는 뜻으로, 그림을 그리는 일은 바탕이 있은 뒤에야 가능하다. 본래 소(素)란 바탕을 말하는 것이고, 그 바탕이란 아무것도 칠하지 않은 순수한 것을 말한다. 세상의 모든 일이란 바탕이 있고 나서야 가능한 것이다. 따라서 사람은 좋은 바탕을 먼저 기른 뒤에 문식(文飾)을 더해야 한다는 말이다.

《논어》 팔일(八佾)편에 있는 말이다.

자하(子夏)는 공자의 제자로 공문십철(孔門十哲)의 한 사람이며, 시(詩)와 예(禮)에 통달했는데, 특히 예의 객관적 형식을 존중하는 것이 특색이다.

자 하

자하가 공자에게 물었다.

「선생님, 『교묘한 웃음에 보조개여, 아름다운 눈에 또렷한 눈동자여, 소박한 마음으로 화려한 무늬를 만들었구나(巧笑倩兮 美目盼兮 素以爲絢兮 何謂也)』 하셨는데, 무엇을 말하는 것입니까?」

공자가 대답했다.

「그림 그리는 일은 흰 바탕이 있은 후이다(繪事後素)」

이에 자하가 다시 물었다.

공문십철

「예(禮)는 나중입니까(禮後乎)?」

그러자 공자가 대답했다.

「나를 일으키는 자가 바로 상(商, 자하)이로구나. 비로소 함께 시(詩)를 말할 수 있게 되었구나(起予者 商也 始可與言詩已矣)」

여기서 공자의 말은, 「동양화에서 하얀 바탕이 없으면 그림을 그리는 일이 불가능한 것과 마찬가지로, 소박한 마음의 바탕이 없이 눈과 코와 입의 아름다움만으로는 여인의 아름다움을 표현할 수 없다」는 것이다. 이에 자하는 밖으로 드러난 형식적인 예(禮)보다는 그 예의 본질인 인(仁)한 마음이 중요하므로, 형식으로서의 「예」는 본질이 있은 후에라야 의미가 있는 것임을 깨달았던 것이다.

공자는 자하에게 유교에서 말하는 인(仁)·의(義)·예(禮)·지(智)·신(信)의 5가지 기본 덕목인 오상(五常) 중 가장 으뜸이 되는 기본 덕목은 인(仁)이라는 것을 말하고 있는 것이다.

## ❺ 三冬文史 (삼동문사)

叁冬文史 석 三 겨울 冬 글월 文 문사 史

가난한 사람은 농사짓느라 여가가 없어 다만 삼동에 학문을 닦는다는 뜻으로, 자기를 겸손히 이르는 말.

삼동(三冬)은 겨울 석 달, 곧 음력으로 10, 11, 12월을 말한다.

《한서》 동방삭전에 있는 말이다.

## ❻ 水魚之交(수어지교) 水鱼之交 물 水 물고기 魚 의 之 사귈 交

물과 고기는 불가분의 관계에 있다. 그렇게 잠시도 떨어져 살 수 없는 친밀한 사이를 「수어지교」니 「어수지친(魚水之親)」이니 하고 말한다. 「어수지락(魚水之樂)」이라고 했을 때는 부부나 남녀 사이의 사랑을 뜻한다.

이 말은 삼국시대 촉한(蜀漢)의 유현덕이 제갈량과의 사이를 비유해서 말한 것이 그 시초인 것으로 알려져 있다. 그러나 이 같은 비유는 누구나 할 수 있는 당연한 비유로, 인류 역사와 함께 있었을 것으로 생각된다.

유비와 제갈량

《삼국지》 촉지 제갈량전에 보면, 「삼고초려」의 정성을 다해 제갈량을 자기 사람으로 만든 유현덕은 날이 갈수록 제갈량과의 사이가 친밀해지기만 했다. 이것을 바라보고 있는 관우와 장비 등 무장들은 현덕의 제갈량에 대한 그 같은 태도가 몹시 마음에 불쾌했다. 그들의 불평을 짐작하고 있던 현덕이 장비 등 제장을 조용히 불러 이렇게 타일렀다.

「내가 공명을 가졌다는 것은 고기가 물을 가진 것과 같다(孤之有孔明 猶魚之有水也). 제군들은 다시는 아무 말도 하지 말아주게」

그 뒤로는 관우와 장비도 다시는 불평을 하지 않았다는 것이다.

## ❼ 秉燭夜遊(병촉야유) 秉烛夜游 밝을 **秉** 촛불 **燭** 밤 **夜** 놀 **遊**

촛불을 밝히고 밤이 깊도록 놀며 즐김. 세월은 흘러가기 쉬우므로 젊을 때에 낮은 물론 밤에도 촛불을 밝히고 잔치를 베풀고 놀 것이라는 말. 소명태자의 《문선(文選)》 고시 19수에 있는 말이다. 「고시 19수」는 한나라 말기에 일군의 무명시인들이 창작한 일련의 서정시다.

살아도 백년을 못다 살면서 항상 천 년의 근심을 품는가
낮은 짧고 밤은 길어 괴로우니 어찌 촛불을 켜고 놀지 않으리
즐기는 것도 마땅히 때가 있는 것 어찌 내년을 기다리는가
어리석은 자는 비용을 아끼니 다만 후세에 웃음거리가 되었네
신선이 된 왕자교가 있다지만 그와 같기는 기약할 수 없으리

生年不滿百 常懷千歲憂 생년불만백 상회천세우
晝短苦夜長 何不秉燭遊 주단고야장 하불병촉유
爲樂當及時 何能待來玆 위락당급시 하능대래자
愚者愛惜費 但爲後世嗤 우자애석비 단위후세치
仙人王子喬 難可與等期 선인왕자교 난가여등기

또 이백(李白)이 지은 「춘야연도리원서(春夜宴桃李園序)」는 이백

이 봄날 밤에 형제와 친족들과 함께 복숭아와 오얏꽃이 만발한 정원에서 연회를 열고 각자 시를 지으며 놀 적에 그 시편 앞에 그 때의 감상과 일의 차제(次第)를 편 문장이다. 서(序)는 사물의 차제를 순서를 세워서 서술하는 글이다.

춘야연도리원서(淸, 전혜안)

무릇 천지는 만물이 잠시 쉬어가는 여관이요,

시간은 영원한 나그네로다.

그리하여 뜬구름 같은 덧없는 인생이 꿈과 같아서,

일생 동안 그 기쁜 날이 얼마나 되리

옛 사람들이 촛불을 들고 밤에 노니는 것은

참으로 그 이유가 있는 것이라.

하물며 양춘이 운애가 낀 풍경으로 나를 부르고,

천지가 나에게 문장을 빌려 주었음에랴!

| | |
|---|---|
| 光陰者百代之過客 | 광음자백대지과객 |
| 而浮生若夢 爲歡幾何 | 이부생약몽 위환기하 |
| 古人秉燭夜遊 良有以也 | 고인병촉야유 양유이야 |
| 況陽春召我以煙景 | 황양춘소아이연경 |
| 大塊假我以文章 | 대괴가아이문장 |

# ❽ 不問曲直 불문곡직

不問曲直 아닐 **不** 물을 **問** 굽을 **曲** 곧을 **直**

「굽고 곧음을 묻지 않는다」는 뜻으로, 옳고 그름을 가리지 않고 마구 처리함을 이르는 말. 잘잘못을 따지지 않고 다짜고짜 행동함.

《사기》 한비이사열전(韓非李斯列傳)에 있는 이야기다.

이사(李斯)는 초(楚)나라 상채(上蔡 : 하남 상채) 사람으로, 진나라에서 벼슬을 하고 있었다. 어느 날 종실 사람들과 대신들이 진나라 사람을 제외한 다른 제후국의 신하들은 믿을 수가 없으니 쫓아내야 한다는 「축객(逐客)」의 상소를 진시황에게 올렸다. 이사는 자신도 그 명단에 포함된 사실을 알고 진시황에게 「상진황축객서(上秦皇逐客書)」라는 상소문을 올렸다.

「지금 폐하께서는 곤륜산의 명옥(明玉)을 손에 넣고, 수후(隨侯)의 구슬과 화씨벽을 소유하셨으며, 명월주(明月珠)를 몸에 장식하고 명검 태아(太阿)를 차시고 명마 섬리(纖離)를 타셨으며, 취봉(翠鳳)의 기(旗)를 세워 영타(靈鼉)의 북을 설치해 놓으셨는데, 이 여러 가지 보물은 하나같이 진나라의 산물이 아닌데도 폐하께서는 이것들을 모두 진귀하게 생각하시는 것은 어인 일이옵니까?

만약, 진나라의 산물만을 쓰신다고 한다면 야광벽은 조정에 장식할 수 없고, 서각(犀角)·상아로 만든 그릇은 보고 즐기실 수 없으며, 정(鄭)·위(衛)나라의 미녀는 후궁으로 맞을 수 없고, 결제(駃騠)의 준마도 마구간에 넘칠 수 없으며, 강동(江東)의 금과 주석도 쓰일 수 없고, 서촉의 단청(丹靑)도 쓸 수가 없습니다. 후궁을 장식하고 궁내의 쓰임새를 충당하며 마음을 즐겁게 해주고 이목(耳目)을 기쁘게 해주는 것도 진나라 산물이 아니면 쓰지 않는다고 한다면, 완(宛)의 구슬비녀 · 구슬귀걸이 · 아호(阿縞)의 의복 · 금수(錦繡)의 장식은 폐하 앞에 올릴 수 없고, 풍속에 따라 아취를 더한 조(趙)나라 미인 역시 지금처럼 폐하를 모실 수 없을 것입니다. 수옹(水甕)을 치고 와기(瓦器)를 두드리며 쟁(箏)을 타고 넓적다리를 치면서 노래를 불러 귀를 즐겁게 하는 것이 진나라의 진짜 음악이며, 정(鄭) · 위(衛) · 상간(桑間) · 소(昭) · 우(虞) · 무(武) · 상(象)은 이국(異國)의 음악입니다. 그런데도 지금 진나라에서는 옹을 치고 와기를 두드리는 것을 그치고, 정 · 위의 음악(淫樂)을 취하며, 쟁을 타는 것을 그치고 소 · 우의 정악(正樂)을 취하고 있는데, 그것은 어찌된 일입니까? 그것은 곧 마음을 즐겁게 해주고 눈으로 보기에 재미가 있기 때문입니다.

이사의 「간축객서(諫逐客書)」(낭야대 석각)

그런데 이제 사람을 뽑아 쓰는 데 있어서는 이것과 다르게 논설의 가부와 행위의 곡직을 말하지 않고(不問可否 不論曲直), 진나라 사람이 아니면 제외하여 외국 사람을 추방하려고 합니다. 그러고 보면 진나라가 존중하는 것은 여색(女色)과 음악뿐이며 인물은 경멸하는 것이 됩니다. 이렇게 해서는 천하에 군림하여 제후를 제압할 수 없습니다」

서기중용 노겸근칙

## 86. 庶幾中庸 勞謙謹勅 庶几中庸 劳谦谨勅

| | 서 | 정 | 쇄 | 신 |
|---|---|---|---|---|
| ❶ | 庶 | 政 | 刷 | 新 |

| | 서 | 기 | 중 | 용 |
|---|---|---|---|---|
| ❷ | 庶 | 幾 | 中 | 庸 |

| | 마 | 중 | 지 | 봉 |
|---|---|---|---|---|
| ❸ | 麻 | 中 | 之 | 蓬 |

| | 중 | 용 | 지 | 도 |
|---|---|---|---|---|
| ❹ | 中 | 庸 | 之 | 道 |

| | 견 | 마 | 지 | 로 |
|---|---|---|---|---|
| ❺ | 犬 | 馬 | 之 | 勞 |

| | 겸 | 양 | 지 | 덕 |
|---|---|---|---|---|
| ❻ | 謙 | 讓 | 之 | 德 |

| | 근 | 하 | 신 | 년 |
|---|---|---|---|---|
| ❼ | 謹 | 賀 | 新 | 年 |

| | 노 | 겸 | 근 | 칙 |
|---|---|---|---|---|
| ❽ | 勞 | 謙 | 謹 | 勅 |

## 풀이

## ❶ 庶政刷新 (서정쇄신) 庶政刷新 여러 **庶** 정사 **政** 씻을 **刷** 새 **新**

여러 가지 정치상의 폐단을 말끔히 고쳐 새롭게 함.

서정쇄신이라는 뜻은 원래 국정 전반을 새롭게 한다는 것이다. 그런데 이 서정쇄신이라는 말이 1970년대 이후 우리나라 행정개혁사에서 특정한 개혁운동을 지칭하는 것으로 이해되어 왔다.

1975년부터 서정쇄신운동을 대대적으로 전개하면서 정부가 공식적으로 규정한 바에 따르면, 「서정쇄신은 공무원 사회의 모든 부조리를 일소하여 능률적이고 명랑한 봉사행정을 폄으로써 국민의 신뢰를 회복하여 국정능률을 극대화하고 동시에 이를 사회 전반에 걸친 부조리와 비능률을 제거하는 사회정화운동과 새로운 가치관에 바탕을 둔 건전한 국민정신을 진작시키는 정신개혁운동으로 승화시켜 부유한 나라를 만드는 민족중흥의 과업」이라고 하였다.

이러한 서정쇄신은 궁극적으로 국력배양을 통해 민족중흥을 꾀하려는 목적을 가진 운동이었으며, 공무원사회정화 · 일반사회정화 및 정신혁명이라는 3대 행동과제를 내포하는 것이었다.

## ❷ 庶幾中庸 (서기중용) 庶几中庸 여러 **庶** 거의 **幾** 가운데 **中** 쓸 **庸**

중용에 가까우려면 어떠한 일도 한쪽으로 기울어지게 일하면 안 됨.

《천자문》에 있는 말이다.

「중용에 가깝고자 한다면 부지런히 일하고 고분고분하고 삼가고 경계하며 바로잡아야 한다(庶幾中庸 勞謙謹勅)」

「서기」란 많은 사람이나 또는 많은 부분이 점차 어떤 정해진 방향으로 움직이거나 변화하려는 조짐을 뜻한다. 「중용」은 지나치거나 모자라지 아니하고 한쪽으로 치우치지도 아니한, 떳떳하며 변함이 없는 상태나 정도를 말한다. 「노겸근칙」은 그 중용을 이루는 방법을 말한 것이다.

옛날의 성인들은 모든 행함이 중용(中庸)에 모두(庶) 가까워(幾) 그 아름다운 언행이 후세에까지 전해져온다.

군자의 길은 일하고(勞) 공로가 있어도 겸손하며(謙) 삼가고(謹) 조심하여(勅) 다른 사람들의 본보기가 되는 것이다.

극단에 치우치지 않고 지나치거나 모자람이 없는 중용을 바란다면 힘써 일하고 겸손하며 삼가 경계하라는 말이다. 이 말은 곧 「그 가운데를 잡으라(允執厥中, 핵심을 확실하게 잡으라는 뜻)」는 말이다. 이 말은 중용을 지키라는 말과 같다.

중용은 과불급이 없는 상태인데 이 중용을 바란다면 상도(常道)를 이행하도록 깊이 마음속에 새겨두고 항상 자기의 직분에 부지런하며 남보다 자기가 잘났다고 자만하지 말아야 한다. 또 자기 분수에 맞추어 겸손하고 과실이 없도록 삼가라는 말이다. 이렇게 행한다면 중용에 가까운 사람이 된다.

공자의 손자인 자사(子思)의 저작으로, 동양철학의 중요한 개념을 담고 있는《중용》은 오늘날 전해지는 것은 오경(五經)의 하나인 《예기(禮記)》에 있는 중용편이 송나라 때 단행본이 된 것으로,《대학》,《논어》,《맹자》와 함께 사서(四書)로 불리고 있으며, 송학(宋學)의 중요한 교재가 되었다.

인간의 본성은 천부적인 것이기 때문에 인간은 그 본성을 따르지 않으면 안 된다. 따라서 본성을 좇아 행동하는 것이 인간의 도(道)이며, 도를 닦기 위해서는 궁리(窮理)가 필요하다. 이 궁리를 교(敎)라고 한다. 《중용》은 요컨대 이 궁리를 연구한 책이다. 즉 인간의 본성은 한마디로 말해서 성(誠)일진대, 사람은 어떻게 하여 이 성으로 돌아가는가를 규명한 책이라고도 할 수 있다.

자 사

## ❸ 馬中之蓬(마중지봉) 麻中之蓬 삼 **麻** 가운데 **中** 어조사 **之** 쑥 **蓬**

사람은 주위 환경에 따라 선악이 달라질 수 있다.

삼밭 속의 쑥이라는 뜻으로, 곧은 삼밭 속에서 자란 쑥은 곧게 자라게 되는 것처럼 선한 사람과 사귀면 그 감화를 받아 자연히 선해짐을 비유적으로 이르는 말.

《순자》 권학편에 있는 말이다.

「서쪽 지방에 나무가 있으니, 이름은 사간(射干)이다. 줄기 길이는 네 치밖에 되지 않으나 높은 산꼭대기에서 자라 백 길의 깊은 연못을 내려다

사 간

본다. 이는 나무줄기가 길어서가 아니라 서 있는 자리가 높기 때문에 그런 것이다. 쑥이 삼밭에서 자라면 붙들어 주지 않아도 곧게 자라고, 흰 모래가 진흙 속에 있으면 함께 검어진다(蓬生麻中 不扶而直 白沙在涅 與之俱黑). ……이런 까닭에 군자는 거처를 정할 때 반드시 마을을 가리고(擇), 교유(交遊)할 때는 반드시 곧은 선비와 어울린다. 이는 사악함과 치우침을 막아서 중정(中正)에 가까이 가기 위함이다」

「마중지봉」은 앞글의 「봉생마중 불부이직(蓬生麻中 不扶而直)」에서 취한 것이다. 앞의 「봉생마중」을 그대로 쓰기도 한다.

쑥은 보통 곧게 자라지 않지만, 똑바로 자라는 삼과 함께 있으면 붙잡아주지 않더라도 스스로 삼을 닮아 가면서 곧게 자란다는 뜻이다. 하찮은 쑥도 삼과 함께 있으면 삼이 될 수 있다는 말이니, 사람도 어진 이와 함께 있으면 어질게 되고 악한 사람과 있으면 악하게 된다는 것을 비유한 것이다.

## ❹ 中庸之道 (중용지도)

中庸之道 가운데 **中** 떳떳할 **庸** 갈 **之** 길 **道**

중용의 도리. 극단에 치우치지 않고 평범한 속에서의 진실한 도리.

「중용지도」란 말을 우리는 흔히 쓰곤 한다. 그러나 그것이 풍기는 의미는 일정하지가 않다. 듣는 사람도, 말하는 사람도 자기 마음대로 풀이할 수 있는 막연한 내용의 말이다.

「그건 중용지도가 못되지」

뭔가 좀 지나쳤다는 뜻이다. 어느 점이 어떻다고 지적할 수는 없어도 어딘가 좀 반성할 점이 있다는 막연한 개평(概評)이다. 듣는 사람도 과히 기분 나쁘지 않고, 말하는 사람도 그리 거북하지 않은, 적당히 듣고 적당히 쓸 수 있는 말이다.

주 자

「중용(中庸)」이란 말은 《논어》에도 나온다. 그러나 《중용》이란 책이 「사서(四書)」가운데 하나라는 것은 누구나가 다 알고 있다. 그 《중용》 첫머리에 주자(朱子)는 정자{程子 : 정호(程顥), 또는 정이(程頤)의 존칭}의 말을 인용하여 「중용」을 이렇게 풀이하고 있다. 「편벽되지 않은 것을 『中』이라 말하고, 바뀌지 않은 것을 『庸』이라 말한다. 『中』이란 것은 천하의 바른 길이요, 『庸』이란 것은 천하의 정해진 이치다」

「中」은 중간이니 중심이니 하는 뜻이다. 좌우로 치우치지 않은 것이 중간이고, 어느 쪽에도 더 가깝지도 멀지도 않은 것이 중심이다. 「庸」은 떳떳하다는 뜻이다. 떳떳하다는 말은 정당하다, 당연하다, 항상 그대로다 하는 뜻을 가지고 있다. 즉 중용은 어느 한쪽으로도 치우

정 호

치지 않은 떳떳한 것이란 말이다. 또 지나치지도 않고 부족하지도 않은 꼭 정도에 맞는, 더 바랄 수 없는 그런 원리 원칙이 「중용」인 것이다.

지구가 항상 제 궤도를 돌고 있는 것도 그것이 중용지도를 걷고 있기 때문이다. 인공위성으로 우주여행을 무사히 끝마치려면 처음에서 끝까지 이 중용지도를 지키지 않으면 그만 사고를 일으키고 만다. 그와 마찬가지로 우리 인간이 일생을 사는 동안도 이 중용지도를 지키지 못하면 예기치 못한 불행과 마찰을 가져오게 되는 것이다.

그러나 그 중용지도란 정해져 있는 것은 아니다. 인공위성이 궤도 수정을 하지 않으면 안 되듯이, 그때그때의 사정에 따라 적당히 수정될 수 없는 원리 원칙은 궤도 수정이 불가능한 인공위성과도 같은 것이다.

《중용》 첫머리에 공자는 말하기를,

「군자의 중용이란 것은 군자로서 때에 맞게 하는 것이다」 라고 했다. 때에 맞게 한다는 것이 바로 원리 원칙에 입각한 궤도 수정의 가능성을 말하는 것이다. 덮어놓고 좌우 양파의 중간에 서 있는 무사주의나 타협주의나 기회주의가 중용지도는 아니다. 팔 사람이 부르는 값과 살 사람이 주겠다는 값을 반으로 딱 잘라 흥정을 붙이는 거간꾼의 처사가 반드시 정당한 것은 아니다. 공자는 말했다.

「천하와 국가도 다스릴 수 있고, 벼슬도 사양할 수 있고, 칼날도 밟을 수 있지만, 중용만은 할 수 없다」

그때그때에 맞는 처리와 행동을 한다는 것은 용기나 지조의 문제가 아니라, 성인(聖人)의 지혜가 없이는 안 된다는 말이다. 「중용지도」 즉 「중용의 길」은 가장 올바른 길이요, 오직 하나뿐인 길이다. 그 길을 제대로 걸어가기 위한 지혜와 행동력을 가진 사람이 아니면 대중을 지도할 자격은 물론, 그 자신이 세상을 올바로 살아갈 수가 없다.

정 이

## ❺ 犬馬之勞(견마지로) 犭马之劳 개 犬 말 馬 갈 之 힘쓸 勞

개나 말의 하찮은 힘이라는 뜻으로, 임금이나 나라에 충성을 다하는 노력, 윗사람에게 바치는 자기의 노력을 낮추어 말할 때 쓰는 말이다.

본래는 개나 말 같은 하찮은 것의 힘 또는 수고를 가리키는 말이었으나, 뒤에 임금이나 나라를 위해 바치는 자신의 노력을 겸손하게 이르거나, 또는 주인이나 나라를 위해 충성을 다하는 것을 비유하는 관용어로 굳어졌다.

「견마」는 신분이 낮거나 미천한 사람을 가리키는 용어로, 「개나 말 같은 비천한 것」을 가리켜 「견마지류(犬馬之類)」라고 한 데서도 알 수 있다.

유사한 표현으로, 《사기》 소상국세가(蕭相國世家)에 「한마공로(汗馬功勞)」라는 말이 나오고, 《한비자》 오두편에는 「한마지로(汗馬之勞)」라는 말이 나온다.

모두 전쟁에서 세운 큰 공로나 탁월한 업적을 비유하는 말로, 나라를 위해 전장에서 땀을 흘리며 충성을 다한다는 뜻이다.

같은 뜻을 지닌 한자어로는 「견마지성(犬馬之誠)」, 「견마지심(犬馬之心)」이 있고,

비슷한 의미를 지닌 한자어로는 「진충갈력(盡忠竭力)」, 「분골쇄신(粉骨碎身)」, 「구마지심(狗馬之心)」 등이 있다.

## ❻ 謙讓之德(겸양지덕) 谦让之德 겸손할 **謙** 사양할 **讓** 갈 **之** 덕 **德**

맹사성

겸손한 태도로 남에게 양보하거나 사양하는 아름다운 마음씨나 행동. 겸양지덕에 관한 맹사성(孟思誠, 1360~1438)의 일화를 소개하고자 한다.

맹사성은 고려 말 조선 초의 재상이다. 여러 벼슬을 거쳐 세종 때 이조판서로 예문관 대제학을 겸하였고 우의정에 올랐다. 《태종실록》을 감수, 좌의정이 되고 《팔도지리지》를 찬진하였다. 조선 전기의 문화 창달에 크게 기여하였다.

황희(黃喜) 정승과 함께 조선조의 명재상

으로 이름을 높인 맹사성의 겸양지덕에 관한 일화는 오늘날까지 빛을 잃지 않는 가르침이 되고 있다.

청백리 맹사성의 고택

열아홉에 장원급제하고 갓 스물에 경기도 파주 군수가 된 자만심 가득한 맹사성이 어느 날 선사를 찾아가 선정(善政)을 베풀기 위한 자문을 구했다.

그러자 선사는 나쁜 일 하지 말고 착한 일을 많이 하라는 지극히 상식적인 말을 했다. 삼척동자도 다 아는 말을 건네는 선승이 못마땅하여 맹사성은 그런 걸 누가 모르냐며 불쾌한 표정을 숨기지 않고 자리에서 일어났다.

그러자 선사가 녹차나 한잔 하고 가라고 권했다. 맹사성이 못 이기는 척 자리에 앉자 선사가 맹사성의 찻잔에 물이 넘치도록 따랐다.

맹사성이 찻물이 넘쳐 방바닥을 적신다고 선승에게 소리쳤다. 그러자 선승이 일갈했다.

「찻물이 넘쳐 방바닥 적시는 건 알면서 지식이 넘쳐 인품을 망치는 것은 어찌 모르십니까?」

선사의 말에 맹사성은 얼굴을 들 수 없을 정도로 면괴스러워 황급히 자리에서 일어났다. 그러고는 서둘러 방을 나서려다가 문틀에 이마를 세게 부딪치고 말았다.

그러자 선사가 빙그레 웃으며 다시 입을 열었다.

「고개를 숙이면 부딪칠 일이 없습니다」

그것을 계기로 맹사성은 알량한 자만심을 버리고 겸양지덕을 몸에 익히고 실천하는 삶을 살았다고 한다.

## ❼ 謹賀新年 (근하신년)

吾谨避之 삼갈 **謹** 하례할 **賀** 새 **新** 해 **年**

삼가 새해를 축하한다는 인사말.

## ❽ 勞謙謹勅 (노겸근칙)

勞谦谨勅 힘쓸 **勞** 겸손할 **謙** 삼갈 **謹** 조서 **勅**

일하고 겸손하며 삼가고 조심해야 한다.

《천자문》에 있는 말이다.

「중용에 가깝고자 한다면 부지런히 일하고 고분고분하고 삼가고 경계하며 바로잡아야 한다(庶幾中庸 勞謙謹勅)」

공자는 중용의 기준을 순임금의 사례에서 찾고 있다. 공자가 말했다.

「순임금은 큰 지혜를 가지신 분이다. 순임금은 묻기를 좋아하며 가깝고 가벼운 말도 살피기 좋아하셨다(舜 其大知也與 舜 好問而好察邇言)」

또 말하기를, 「악함은 숨기고 선함을 드러내셨다. 양 극단을 잡되 그 중간을 백성들에게 쓰셨으니 성군이 된 까닭이다(隱惡而揚善 執其兩端 用其中於民 其斯以爲舜乎)」라고 일러주었다.

그럼 중용을 취하려면 어떻게 해야 할까. 자신의 생각만을 고집하지 않고 상대의 말을 귀담아듣고 합리적인 선택을 하는 것이다. 그러려면 대화하기를 좋아해야 한다. 여러 사람의 의견을 듣다 보면 두루 인정받는 원만한 지혜를 얻을 수 있다.

순임금

중용은 어설프게 튀지도 않고, 배려하며 평온케 하는 능력이다. 말씨는 부드럽고, 눈빛은 따뜻하다. 중용이란 인간들끼리 살아가는 데 더없이 필요한 처세술이다. 그렇다고 인위적인 처세술처럼 어지럽지 않다. 단순하고 꾸미지 않은 사람 본래의 순수함이다.

# 87. 聆音察理 鑑貌辨色 聆音察理 鑑貌辨색

(영음찰리 감모변색)

| | | | | | | | |
|---|---|---|---|---|---|---|---|
| ❶ | | | | 영 聆 | 음 音 | 찰 察 | 리 理 |
| ❷ | 망 亡 | 국 國 | 지 之 | 음 音 | | | |
| ❸ | 중 衆 | 오 惡 | 필 必 | 찰 察 | | | |
| ❹ | 비 比 | 익 翼 | 연 連 | 리 理 | | | |
| ❺ | 전 前 | 거 車 | 가 可 | 감 鑑 | | | |
| ❻ | | | 이 以 | 모 貌 | 취 取 | 인 人 | |
| ❼ | | | 불 不 | 변 辨 | 숙 菽 | 맥 麥 | |
| ❽ | 경 傾 | 국 國 | 지 之 | 색 色 | | | |

## 풀이

## ❶ 聆音察理(영음찰리) 聆音察理 깨달을 **聆** 소리 **音** 살필 **察** 이치 **理**

소리를 듣고 그 거동을 살피니, 조그마한 일이라도 주의하여야 한다.

《천자문》에 있는 말이다.

「소리를 듣고 갈피를 잡으며, 생김새를 보고 낌새를 가려 안다(聆音察理 鑑貌辨色)」

말하는 사람의 목소리(音)만 듣고도(聆) 마음속까지 살펴(察) 알(理) 수가 있으며, 짓고 있는 얼굴 표정(貌)만 보고도(鑑) 마음속의 기색(色)을 분별(辨)해 알 수 있는 것이다.

일찍이 공자도 말하기를, 「대체로 통달했다는 것은, 바탕이 곧고 의리를 좋아하며, 말을 들어 살피고 기색을 보아 그 사람의 마음을 알고 또 생각함으로써 남의 아랫사람 노릇을 하는 것이다」 라고 했다.

남의 말을 듣고 그 말 속의 이치를 살피며, 또 그 용모와 안색을 거울삼아 그 심중을 분별하라는 말이다.

세상의 모든 일과 모든 존재들에게는 이치가 있다. 그러므로 마음이 열린 사람들은 소리만 들어도 그 사물의 이치를 알 수 있다.

외형에는 그 사물의 기세가 담겨져 있다. 따라서 영특한 사람들은 겉모습만 보아도 그에 대한 모든 정보를 간파할 수 있다.

학문을 쌓고 정신을 수양하다 보면, 이성과 직관이 함께 발달하여 세상사의 실체를 꿰뚫어 볼 수 있게 된다.

## ❷ 亡國之音 (망국지음)

亡國之音 망할 亡 나라 國 갈 之 소리, 음악 音

나라를 망친 음악이라는 뜻으로, 음란하고 사치스러운 음악을 이르는 말.

《예기(禮記)》 악기(樂記)편에 있는 말이다.

「무릇 음악이라는 것은 사람의 마음에서 나오는 것이다. 정이 마음에서 울리면 이로 인해 소리로 형성된다. 이 소리가 문채를 갖추면 이를 바로 음악이라고 한다. 이런 이유로 해서 잘 다스려진 시대의 음악은 편안해서 즐거우며 그 정치도 조화를 이루고 있다. 반면에 어지러운 시대의 음악은 원망에 차 있고 노여움으로 떨리며 그 정치도 괴리가 심하다. 더욱이 망해 가는 나라의 음악은 슬프고 근심이 많으며 그 백성들은 피곤하다(治世之音 安以樂 其政和 亂世之音 怨以怒 其政乖 亡國之音 哀以思 其民困)」

위에서 볼 수 있듯이 《예기》는 한 시대의 음악을 크게 세 가지로 나누고 있다. 즉 치세·난세·망국의 음악이 그것이다. 사람의 생각이나 생활 역시 그들이 처한 여러 가지 상황에 따라 달라지기 때문에 음악도 이를 반영한다고 보는 것이다. 이런 분류는 반드시 정치적인 상황만을 가지고 구분지은 것은 아니어서 윤리나 도덕이 피폐한 시대라면 아무리 부강하고 화려한 태평성세가 이어진다 해도 긍정적인 평가를 받기는 어려울 것이다.

또 《한비자》 십과편(十過篇)에, 임금이 정치를 잘못해 나라를 망치는 열 가지 허물을 열거하고 있는데, 여기서도 「나라를 망칠 음악」이라 해서 이와 비슷한 내용을 실례를 들어 설명하고 있다. 「망국지성(亡

國之聲)」이라고도 한다.

춘추시대 위(衛)나라 영공(靈公)이 진(晉)나라로 가는 도중 복수(濮水)라는 곳에서 이제까지 들어본 적이 없는 아름다운 음악소리를 들었다. 영공은 자기도 모르게 멈추어 서서 그 소리를 듣다가 수행 중인 악사 사연(師涓)에게 악보를 베껴두라고 일렀다. 이윽고 진나라에 도착한 영공은 진나라 평공(平公) 앞에서, 이곳으로 오는 도중 들은 새로운 음악이라며 사연으로 하여금 그 곡을 연주하도록 하였다. 당시 진나라에는 사광(師曠)이라는 이름난 악사가 있었는데, 그가 음악을 연주하면 구름이 몰려들고 학이 춤을 춘다고 하였다.

진평공 앞에서 연주하는 사광

사연의 음악을 듣던 사광은 황급히 사연의 손을 잡고 연주를 중단시키며 이렇게 말하였다. 「이것이 새로운 음악이라는 것입니까? 이것은 망국지음입니다. 연주해서는 안 됩니다」

깜짝 놀란 영공과 평공이 그 사연을 묻자, 사광은 다음과 같은 이야기를 하였다.

「옛날 은(殷)나라 주왕(紂王) 때 사연(師延)이라는 악사가 있었는데, 왕에게 신성백리(新聲百里)라는 음란하고 사치스러운 음악을 지어 바쳤습니다. 주왕은 이 음악에 빠져 주지육림(酒池肉林)을 즐기다가 주(周) 무왕(武王)에게 주살당하고 말았습니다. 그러자 사연은 악기를 안고 복수에 빠져 죽었는데, 지금도 복수를 지날 때는 누구나 이 음악을 들을 수 있다고 합니다. 그래서 사람들은 이 음악을 망국의 음악이라 하며 무서워하고 있습니다」

## ❸ 衆惡必察(중오필찰) 衆惡必察 무리 **衆** 미워할 **惡** 반드시 **必** 살필 **察**

전략은 활용하는 것이 중함.

공자가 말했다.

「많은 사람이 어떤 사람을 미워하더라도 반드시 자신이 살펴야 하고, 많은 사람들이 어떤 사람을 좋아하더라도 반드시 자신이 살펴야 한다(衆惡之必察焉 衆好之必察焉)」

공 자

여러 사람의 미움을 받는 자라고 해서 반드시 그가 나쁜 것은 아니다. 소인(小人)들은 군자(君子)의 뜻을 알지 못하는 법이니, 오히려 착한 자가 여러 나쁜 자들에게 따돌림 당하고 시기 받는 경우도 많다. 반대로 여러 사람이 좋아하는 자라고 해서 반드시 그가 착한 것은 아니다.

자공(子貢)이 공자에게 물었다.

「마을 사람들이 모두 어떤 사람을 좋아한다면 어떻겠습니까?」

공자가 대답했다.

「옳지 못한 일이다」

자공이 다시 물었다.

「마을 사람들이 모두 어떤 사람을 미워한다면 어떻겠습니까?」

「그것도 옳지 못한 일이다. 마을 사람들 가운데 착한 사람들은 그를 좋아하고, 착하지 못한 사람들은 그를 미워하는 것만 못하다」

이는 《논어》 자로(子路)편에 있는 말이다.

주자(朱子)는 이 구절에 대한 주해(註解)에서, 「한 마을 사람들 사이에는 같은 무리끼리 좋아하거나 미워하는 일도 생기기 마련이다. 그러므로 착한 사람이 좋아하는 사람을 나쁜 사람이 미워하지 않는다면, 그 사람은 틀림없이 구차하게 모두의 비위를 맞추는 행동을 하였을 것이다. 나쁜 사람이 미워하는 사람을 착한 사람이 좋아하지 않는다면, 그 사람의 실상은 틀림없이 좋아할 만하지 않을 것이다」라고 설명하였다.

「중오필찰」은 여러 사람이 어떤 사람을 미워하거나 싫어하면 대개는 미움을 받는 사람이 나쁜 줄로 알기 쉽다. 그러나 그 반대의 경우도 있다. 군자가 뭇 소인들의 미움을 받는 경우도 있고 부지런한 사람이 게으른 사람들에게 따돌림을 당하는 경우도 있다. 그러므로 많은 사람이 다 미워한다고 그 사람이 무조건 나쁜 줄 알지 말고, 반드시 그 내용과 까닭을 살펴야 한다. 이것이 「중오필찰」의 교훈이다

「중호필찰(衆好必察)」은 많은 사람이 좋아하더라도 무조건 상대가 훌륭한 것으로만 생각지 말고 그 좋아하는 내용과 이유가 무엇인지를 반드시 살펴야 한다는 말이다.

《논어》 위령공편에 있는 말이다.

민주주의(民主主義)를 가리켜 우민주의(愚民主義)라고 하는 사람이 있다. 우리가 선거를 통해서 가끔 느낄 수 있는 득표현상 같은 데서 이 교훈의 의미를 찾아볼 수도 있을 것 같다.

《대학》 제가장(齊家章)에는, 「좋아하면서도 그 사람의 악한 것을 알고(好而知其惡), 미워하면서도 그 사람의 아름다운 것을 아는 사람은 천하에 드물다(天下鮮矣)」 라고 했다.

인간은 감정과 이해에 사로잡히기 쉬우므로 미워하고 좋아하는 것이 일시적인 그릇된 감정이나 비뚤어진 사리사욕 때문이 아닌지를 지도자는 항상 살피고 그 자신도 반성해 볼 일이다.

## ❹ 比翼連理 (비익연리) 比翼連理 견줄 **比** 날개 **翼** 이을 **連** 통할 **理**

중국 전설에 나오는 비익조(比翼鳥)와 연리지(連理枝)의 뜻으로, 부부의 사이가 매우 화락함을 비유하는 말이다.

《진중흥서(晉中興書)》에 있는 말이다.

비익조는 상상(想像)의 새 이름으로, 암컷・수컷의 눈과 날개가 하나씩이어서 두 마리가 나란히 합쳐야 비로소 두 날개가 되어 날 수가 있다고 한다. 연리지는 두 나무의 가지가 맞닿아서 결이 서로 통한 것이라는 뜻에서 화목한 부부나 깊은 남녀관계를 가리킨다.

백거이(白居易)는 「장한가(長恨歌)」에서 현종(玄宗)과 양귀비(楊貴妃)의 비련을 그려 「하늘에서는 비익의 새가 되고 땅에서는 연리의 가지가 되리라」 고 노래하였다.

떠날 무렵 은근히 거듭 전하노니
거기에 둘만이 아는 맹세 담겼네
칠월 칠석에 장생전에서
아무도 없는 한밤에 속삭였네

하늘에 있어서는 원컨대 비익의 새가 되고
땅에 있어서는 원컨대 연리의 가지가 되겠다
장구한 천지도 끊길 때가 있겠지만
이 슬픔은 면면히 그칠 날이 없겠구나

臨別慇懃重寄詞　詞中有誓兩心知　임별은근중기사　사중유서양심지
七月七夕長生殿　夜半無人私語時　칠월칠석장생전　야반무인사어시
在天願作比翼鳥　在地願爲連理枝　재천원작비익조　재지원위연리지
天長地久有時盡　此恨綿綿無盡期　천장지구유시진　차한면면무진기

비익총(比翼塚)은 정사(情死)한 남녀를 한구덩이에 묻은 무덤이다.

## ❺ 前車可鑑 (전거가감)

前車可鑑　　앞 **前** 수레 **車** 옳을 **可** 거울 **鑑**

앞 수레가 엎어진 것을 보고 뒷 수레가 경계하여 넘어지지 않도록 한다는 말로, 앞사람의 실패를 보고 뒷사람은 이를 경계로 삼아야 한다는 뜻.

「전거복철(前車覆轍)」이라고도 한다.

실패의 전례(前例)를 교훈삼아 같은 실패를 거듭하지 않음.

앞의 수레가 엎어진 바퀴자국이 「전거복철」이다. 「앞 수레가 엎어진 바퀴자국은 곧 뒤 수레의 경계가 된다(前車覆轍 後車之戒)」는 말에서 나온 것이다. 이 말은 먼저 사람들의 실패를 보게 되면 뒤의 사람들은 똑같은 실패를 거듭하지 않게 된다는 뜻이다.

《한서》 가의전(賈誼傳)에 있는 가의의 상소문 중에 나오는 말이다.

이 말이 나오는 부분을 소개하면 다음과 같다.

가 의

「속담에 말하기를, 『관리노릇하기가 익숙지 못하거든 이미 이뤄진 일을 보라』 했고, 또 말하기를, 『앞 수레가 넘어진 것이 뒷수레의 경계가 된다』고 했습니다(鄙諺曰 不習爲吏 視己成事 又曰 前車覆 後車戒). ……진나라 세상이 갑자기 끊어진 것은 그 바퀴자국을 볼 수 있습니다. 그런데도 이를 피하지 않으면 뒷수레가 또 넘어지게 될 것입니다」

처음 하는 일이 익숙지 못하면 앞 사람의 한 일을 보고 실수가 없도록 할 것이며, 앞차가 넘어진 것을 보았으면 그 차가 지나간 바퀴자국을 피해 가야만 넘어지지 않는다는 뜻이다.

결국 남의 실패를 거울삼아 똑같은 실수를 범하지 않는 것이 현명한 길이니 과거의 역사와 남이 실패한 일들을 주의해서 같은 과오를 범하지 말라는 뜻이다.

## ❻ 以貌取人 (이모취인)

以貌取人 써 **以** 얼굴 **貌** 취할 **取** 사람 **人**

생김새로 사람을 취한다는 뜻으로, 사람이 어질고 어질지 않음을 보는데 그 사람의 덕의 여하는 고려하지 않고, 다만 용모의 미추만을 보고 정하는 행위.

공자가 이런 말을 한 적이 있다.

「용모로써 사람을 취한다면 나는 자우에게 실수했다(以貌取人 失之子羽)」

자우는 공자보다 39세 아래로 너무나 못생겨서 공자는 그가 가르침을 받으러 왔을 때 재능이 모자라는 사람이라고 생각했다는 것이다. 그러나 그는 가르침을 받은 뒤 물러나 덕행을 닦는 일에 힘썼으며, 공적인 일이 아니면 경대부(卿大夫)들을 만나지 않았으며, 그를 따르는 제자만 해도 300명이나 되었다는 것이다.

《사기》 유후세가(留侯世家)에 있는 이야기다.

장량(張良)의 자는 자방(子房)으로, 서한(西漢) 시기의 개국공신이자 책략가이다. 한신(韓信), 소하(蕭何)와 더불어 한초삼걸(漢初三傑)로 일컬어진다. 탁월한 전략을 짜서 한고조 유방(劉邦)을 초한전쟁의 승자로 이끌었다.

장 량

「이모취인」은 사마천이 공자의 탄식을 인용하여 장량을 두고 한 말이다.

장량의 능력이 그의 곱상한 외모에 의해 오히려 과소평가될 소지가 있다는 의미다. 장량은 청빈하고 고결한 성품을 지녔으며 한고조 유방을 도와 군대의 상황을 철저하게 분석하여 한제국 창업의 일등공신이기에 제후의 반열에 올랐다.

유방이 고릉(固陵)에서 곤경에 처했을 때 장량의 계책으로 제나라 왕

한신이 오지 않았다면 결코 벗어나지 못했을 것이다. 그러기에 사마천은 그를 평하여, 「한고조가 곤궁한 경우가 자주 있었는데 유후(장량)는 늘 공력을 남겼으니, 어찌 하늘의 뜻이 아니라고 말할 수 있겠는가(高祖離困者數矣 而留侯常有功力焉 豈可謂非天乎)?」

이런 예는 일일이 거론하기도 힘들다. 고조의 푸념처럼 「군막 속에서 계책을 짜내어 천리 바깥에서 승리를 결정짓는 일에 있어서는 내가 장량만 못하다(夫運籌帷幄之中 決勝於千里之外 吾不如張良)」 고 할 정도로 장량은 뛰어난 인물이다.

「운주유악(運籌帷幄)」 고사성어가 여기서 나왔다.

그런데 사마천이 장량의 고향 벽에 걸린 화상(畵像)을 보게 되었는데, 예상외로 곱상한 외모였다는 것이다. 장량 같은 전략가라면 관상학적으로도 심원한 내공이 스민 얼굴을 생각했는데, 막상 보니 그렇지 않았다는 것이다. 자신의 선입견이 잘못됐다는 것을 안 사마천은, 문득 공자의 말을 떠올리면서 외모로 인해 진면목을 못 보는 어리석음을 범해서는 안 된다는 것을 강조한 것이다.

## ❼ 不辨菽麥(불변숙맥) 不辨菽麥 아니 **不** 구별할 **辨** 콩 **菽** 보리 **麥**

콩과 보리도 구별하지 못한다는 말로, 너무나 아둔해서 상식적인 일마저도 모르는 사람을 일컫는 말이다.

《좌전》 성공(成公) 18년에 있는 이야기다.

춘추시대 진(晋)나라 귀족들 사이에는 권력 쟁탈전이 치열하게 전개되고 있었다. 진려공(晋厲公)이 서동(胥童)을 편애해서 국권을 그에게 일임하자 난서(欒書), 중행언(中行偃) 등은 우선 서동을 잡아 죽인 다음 진려공마저 죽여 버렸다.

그러고 나서 진양공의 증손인 주자(周子)를 임금으로 내세우고 실권은 자신들이 장악하였다. 그리하여 이제 겨우 열네 살밖에 안된 주자는 명색이 임금이었지 사실은 허수아비에 지나지 않았다.

그럼에도 불구하고 난서와 일부 귀족 대부들은 주자가 특별히 총명하고 재질이 출중하다고 떠벌이는 한편 주자의 형은 아둔해서 임금이 될 수 없다고 소문을 냈다.

《좌전》에는 이에 대해서 「주자에게는 형이 있었지만, 지혜가 없어 콩과 보리도 구분하지 못해 임금으로 세울 수 없었다(周子有兄而無慧 不辨菽麥 故不可立)」라고 쓰고 있는데, 불변숙맥이라는 말은 여기에서 유래한 것이다.

## ❽ 傾國之色 (경국지색)

傾國之色　　기울 **傾** 나라 **國** 의 **之** 색 **色**

「경국지색」은 글자 그대로 나라를 기울어지게 하는 미인이란 뜻이다. 여자의 미모에 반해 정치를 돌보지 않은 나머지 마침내 나라를 망하게 하거나 위태롭게 한 예는 너무도 많다.

《한서》 외척전(外戚傳)에 있는 이야기다.

춘추시대의 오왕 부차(夫差)는 월왕 구천(句踐)이 구해 보낸 서시(西施)라는 미인에게 빠져 마침내 나라를 잃고 몸을 망치는 결과를 가져왔고, 당명황(唐明皇) 같은 영웅도 양귀비로 인해 하마터면 나라를 망칠 뻔했다.

서 시

그러나 원래 경국이란 말을 처음 쓰게 된 것은 여자에 대한 표현이 아니었다. 《사기》 항우본기에 보면, 한왕 유방과 초패왕 항우가 서로 천하를 놓고 다툴 때, 어느 한 기간 한왕의 부모처자들이 항우에게 사로잡혀 있었다. 이때 후공(侯公)이라는 변사가 항우를 설득시켜 한왕과의 화의를 성립시키고, 항우가 인질로 잡고 있던 한왕의 부모처자들을 돌려보냈다. 이 소문을 들은 세상 사람들은 후공을 이렇게 평했다.

「그는 참으로 천하의 변사다. 그가 있는 곳이면 그의 변설로 인해 나라를 기울어지게 만든다(此天下辯士 所居傾國)」

이 말을 들은 유방은 후공의 공로를 포상하여 경국의 반대인 평국이란 글자를 따서 그에게 평국군(平國君)이란 칭호를 주었다고 한다. 즉 항우의 입장에서 보자면 나라를 위태롭게 한 경국(傾國)이 되지만, 유방의 입장에서 보자면 나라를 태평하게 만든 평국(平國)이 되기 때문이다.

그런데 그 뒤 경국이니, 경성(傾城)이니, 절세(絶世)니 하는 형용사들이 아름다운 여자에게 쓰이게 된 것은 《한서》 외척전에, 이연년(李延年)이 지은 다음의 시에서부터 시작된 것이라 한다.

북쪽에 어여쁜 사람이 있어

세상에 떨어져 홀로 서 있네.
한 번 돌아보면 남의 성을 기울이고
두 번 돌아보면 남의 나라를 기울인다.
어찌 경성과 경국을 모르리오
어여쁜 사람은 다시 얻기 어렵다.

北方有佳人 絶世而獨立　　북방유가인 절세이독립
一顧傾人城 再顧傾人國　　일고경인성 재고경인국
寧不知傾城與傾國　佳人難再得　영부지경성여경국 가인난재득

이연년은 한무제(漢武帝, BC 141~86) 때 협률도위(協律都尉 : 음악을 맡은 벼슬)로 있던 사람으로 음악적인 재능이 풍부한 사람이었다. 그에게 한 누이동생이 있었는데 그야말로 절세미인이었다. 앞의 노래는 바로 그의 누이동생의 아름다움을 칭찬하여 무제 앞에서 부른 것이었다. 무제는 이때 이미 50 고개를 넘어 있었고, 사랑하는 여인도 없는 쓸쓸한 생활을 보내고 있던 중이었으므로 당장 그녀를 불러들이게 했다.

이부인

무제는 그녀의 아리따운 자태와 날아갈 듯이 춤추는 솜씨에 그만 반해 버리고 말았다. 이 이연년의 누이야말로 무제의 만년의 총애를 한 몸에 독차지하고 있던 바로 이부인(李夫人) 그 사람이었다.

## 88. 貽厥嘉猷 勉其祗植 (이궐가유 면기지식) 貽厥嘉猷 勉其祗植

❶ 道可道非常道 (도가도비상도)

❷ 刎頸之交 (문경지교)

❸ 三年不飛又不鳴 (삼년불비우불명)

❹ 以佚待勞 (이일대로)

❺ 吐哺握髮 (토포악발)

❻ 去其枝葉 (거기지엽)

❼ 敗軍之將不言勇 (패군지장불언용)

❽ 斷腸 (단장)

# 풀이

## 88. 貽厥嘉猷 勉其祗植 貽厥嘉猷 勉其祗植

이궐가유 면기지식

줄 **貽** 그 **厥** 아름다울 **嘉** 꾀 **猷** 힘쓸 **勉** 그 **其** 공경 **祗** 심을 **植**

《천자문》에 있는 말이다.

「그 아름다운 계책을 끼쳐 줄 것이니, 기꺼이 좋은 도를 심기에 힘써라(貽厥嘉猷 勉其祗植)」

좋은(嘉) 계책(猷)이 있으면 그것(厥)을 임금에게 고해야(貽) 한다. 그렇게 함으로써 임금을 공경하고(祗) 자손에게 심어주는(植) 그것(其)에 힘써야(勉) 한다.

《서경(書經)》 군진(君陳)편에 이런 말이 있다.

「너에게 아름다운 계획과 아름다운 꾀가 있거든 들어가서 임금께 고하라(爾有嘉謀嘉猷 則入告 爾后于內)」

이것은 「덕성을 양성하면 훌륭한 계책을 뒤에까지 남길 것이고, 힘써 공경하여 실덕(實德)을 심을 것이다」라는 말이다.

사람이란 덕성을 기르고 선행을 함으로써 몸을 삼가면 그 사람은 좋은 계책을 후세에 남길 수 있다는 말이다. 자신의 직분에 충실하려면 평소에 과실이 없도록 근신하고 신분에 알맞은 실덕을 갖도록 힘써야 한다. 실덕이란 자신의 직분에 맞는 태도, 덕성 등을 말한다. 군자의 행실과 관련지어 풀이하면 군자는 자손들에게 아름다운 계책을 물려주니 기꺼이 좋은 도를 심기에 힘써야 한다는 말이다.

“88번 「천자문 나무」는 한자와 고사성어의 연계가 불가능하여 부득이 우리가 자주 접하는 고사성어 열매를 가상으로 열게 했다.”

# ❶ 道可道非常道

도 가 도 비 상 도

道可道非常道

길 **道** 옳을 **可** 아닐 **非** 항상 **常**

도(진리)는 말로써 한정할 수 있는 성질의 것이 아니다.

노자 기우도(騎牛圖, 明 장로)

「도를 도라고 말할 수 있으면 이미 영원한 도가 아니다」

이때 도는 진리나 길로 바꾸어도 무방하다. 말할 수 있는 도(道)는 늘 그러한 도가 아니라는 뜻으로, 도(진리)는 말로써 한정할 수 있는 성질의 것이 아님을 일컫는 노자 사상의 중심개념이다. 노자가 한 말인데, 원래 노자의 의도는 언어에 대한 불신보다는 참된 도는 언어를 떠난 존재라는 자기 생각을 강조한 것으로 보인다.

《노자》 제1장에 있는 말이다.

「길을 길이라 말하면 늘 그러한 길이 아니다. 이름을 이름지우면 늘 그러한 이름이 아니다. 이름이 없는 것을 하늘과 땅의 처음이라 하고 이름이 있는 것을 온갖 것의 어미라 한다. 그러므로 늘 바람이 없으면 그 묘함을 보고, 늘 바람이 있으면 그 가장자리를 본다. 이 둘은 같은 것이다. 사람의 앎으로 나와서 이름을 달리 했을 뿐이다. 그 같음을 현묘하다고 한다. 현묘하고 또 현묘하도다! 뭇 묘함이 모두 그 문에서 나오는도다(道可道 非常道 名可名 非常名 無名天地之始 有名 萬物之母 故常無欲以觀其妙常有欲以觀其徼 此兩者同出而異名 同謂之玄 玄之又玄 衆妙之門)」

노자는 도의 본체는 말로 표현될 수 없다고 보았다. 때문에 도를 말할 수 있다면 그것은 참된 도가 아니라고 하였다. 이는 불가에서 말하는 참된 진리는 이심전심(以心傳心)과 일면 상통하는 측면이 많다.

## ❷ 刎頸之交 (문경지교) 刎颈之交 목벨 **刎** 목 **頸** 의 **之** 사귈 **交**

생사를 같이하여 목이 떨어져도 두려워 않을 만큼 친한 사이.

문경(刎頸)은 목을 벤다는 뜻이다. 「문경지교」는 곧 서로 죽음을 같이할 수 있는 의기가 상통하는 사이를 말한다.

《사기》 염파인상여전에 있는 이야기다.

조나라 혜문왕(惠文王)이 화씨벽(和氏璧)이란 구슬을 얻게 되자, 진나라 소왕(昭王)이 그 화씨벽과 진나라 열다섯 성(城)을 서로 교환하자고 제의해 왔다. 진나라의 청을 거절할 수는 없다. 그러나 진나라가 구슬을 차지한 뒤에 성을 줄 것 같지가 않았다. 결국 제 것 주고 바보 되는 그런 꼴이 될까 걱정이 되었다.

대신들을 모아 놓고 상의를 해 보았으나 모두 얼굴만 마주 볼 뿐이었다. 이때 환자령(宦者令) 무현(繆賢)이 인상여를 천거했다.

인상여는 화씨벽을 가지고 진나라로 갔으나, 진나라 왕은 구슬만 받아 들고 성을 줄 눈치는 보이지도 않았다. 인상여는 진나라에 속은 것을 알고 교묘한 말과 재치 있는 행동으로 구슬을 도로 받아낸 다음, 진나라 왕과 다시 만나기로 약속한 날이 미처 오기 전에 구슬을 사람을 시켜 조나라로 되돌려 보내는 데 성공했다. 진왕은 인상여를 죽여 보았자 자기에게 욕밖에 돌아올 것이 없는 것을 알고 그를 후히 대접해 돌

인상여

려보냈다.

인상여가 돌아오자 조왕은 그를 상대부(上大夫 : 대신급)에 임명했다. 벼락출세를 한 것이다. 진나라는 그 뒤 조나라를 여러 차례 친 끝에 사신을 보내 조나라와 화친을 맺고 싶다면서 양국 국경 가까이 있는 면지에서 만나자고 통고를 해 왔다. 조왕은 어떤 불행이 기다리고 있을 것만 같은 생각에 이를 거절하려 했다. 그러나 장군 염파와 인상여는,

「왕께서 가시지 않으면 조나라가 약하다는 것을 보여 주게 됩니다」 하고 가기를 권했다.

이리하여 인상여가 조왕을 수행하고 염파가 나라를 지키기로 한 다음 염파는 왕을 국경까지 호송하고 작별에 앞서,

「왕복 한 달이면 돌아오실 수 있습니다. 그때까지 돌아오시지 않을 때는 태자를 왕위에 올려 진나라의 야심을 사전에 막았으면 합니다」

왕은 승낙했다. 모두 최악의 사태를 각오하고 떠나는 길이었다. 면지에서 회견이 끝나고 술자리가 베풀어졌을 때, 진왕은 조왕에게 거문고를 한 곡 켜 달라고 청했다. 조왕이 마지못해 한 곡을 마치자, 진나라 어사가 앞으로 나와, 「아무 해, 아무 달, 아무 날 진왕이 조왕과 만나 술을 마시며 조왕에게 거문고를 타게 했다」 라고 기록했다. 조왕에게 모욕을 주려는 계획된 행동이었다.

그러자 인상여가 앞으로 나아가, 「서로 주고받는 것이 예의이니, 이번에는 진왕께서 우리 임금을 위해 진나라 음악을 한번 들려주십시오」 하고 부(缶 : 질그릇 악기)를 진왕에게로 내밀었다.

진왕은 얼굴에 노기를 띠고 응하지 않았다. 인상여는 다시 부를 진왕의 코앞에 바짝 들이밀고 청했다. 진왕은 여전히 부를 칠 뜻이 없었다. 인상여는 말했다.

인상여의 완벽귀조도

「지금 대왕과 나 사이는 불과 다섯 걸음밖에 안됩니다. 나는 내 목의 피로 대왕의 옷을 물들일까 합니다. 어서 치십시오」

내 손에 죽을 수도 있다는 위협이었다. 진왕을 모시고 있던 시신들이 인상여를 칼로 치려했다. 인상여는 눈을 부릅뜨고 소리쳐 꾸짖었다. 그들은 겁에 질려 옆으로 피했다. 진왕도 기가 꺾여 마지못해 부를 치며 한 곡을 치는 둥 마는 둥 끝냈다. 인상여는 조나라 어사를 불러, 「아무 해, 아무 달, 아무 날, 진왕이 조왕을 위해 부를 쳤다」 고 기록하게 했다. 진나라 신하들은 멋쩍은 태도로, 「조나라에 열다섯 성을 바치고 진왕의 장수를 베십시오」 하고 말했다. 그러자 인상여는 얼른, 「진나라 함양(咸陽 : 수도)을 바치고 조왕의 장수를 베십시오」 하고 받아넘겼다.

진왕은 끝내 조나라를 누를 수가 없었다. 무력으로 어떻게 해볼까도 생각했으나, 조나라에서 이미 만일에 대비한 모든 준비가 되어 있는 것을 알자 감히 손을 대지 못했다.

귀국하자 조왕은 인상여가 너무도 고맙고 훌륭하게 보여서 그를 상경(上卿)에 임명했다. 그렇게 되자 염파보다 지위가 위가 되었다. 염파는 화가 치밀었다.

「나는 조나라 장군으로서 성을 치고 들에서 싸운 큰 공이 있는 사람이다. 인상여는 한갓 입과 혀를 놀림으로써 나보다 윗자리에 오르다니 이는 용납할 수 없는 일이다」 하고 다시,

「상여를 만나면 반드시 모욕을 주고 말겠다」 라고 선언했다.

이 소문을 들은 인상여는 될 수 있으면 염파를 만나지 않으려 했다. 조회 때가 되면 항상 병을 핑계하고 염파와 자리다툼하는 것을 피했다. 언젠가 인상여가 밖으로 나가다가 멀리 염파가 오는 것을 보자 옆 골목으로 피해 달아나기까지 했다.

이런 광경을 본 인상여의 부하들은 인상여의 태도가 비위에 거슬렸다. 그들은 상의 끝에 인상여를 보고 말했다.

「우리들이 이리로 온 것은 대감의 높으신 의기를 사모해서였습니다. 그런데 염장군이 무서워 피해 숨는다는 것은 못난 사람들도 수치로 아는 일입니다. 저희들은 이만 물러가겠습니다」

인상여는 그들을 달랬다.

「공들은 염장군과 진왕 중 어느 쪽이 더 대단하다고 생각하는가?」

「그야 진왕과 어떻게 비교가 되겠습니까?」

「그 진왕의 위력 앞에서도 이 인상여는 그를 만조백관이 보는 앞에서 꾸짖었소. 아무리 내가 우둔하기로 염장군을 무서워할 리가 있소. 진나라가 우리 조나라를 함부로 넘보지 못하는 것은 염장군과 내가 있기 때문이오. 두 호랑이가 맞서 싸우면 하나는 반드시 죽고 마는 법이오.

내가 달아나 숨는 것은 나라 일을 소중히 알고, 사사로운 원한 같은 것은 뒤로 돌려버리기 때문이오」

부형청죄 소상(塑像)

그 뒤 이 소식을 전해들은 염파는 자신의 못남을 뼈아프게 느꼈다. 웃옷을 벗어 매를 등에 지고 사람을 사이에 넣어 인상여의 집을 찾아가 무릎을 꿇고 사죄했다.

「못난 사람이 장군께서 그토록 관대하신 줄을 미처 몰랐습니다」

이리하여 두 사람은 다시 친한 사이가 되어 죽음을 함께 해도 마음이 변하지 않는 그런 사이가 되었다(卒相與驩 爲刎頸之交)」

인상여도 위대하지만, 자기의 잘못을 뉘우치고 순식간에 새로운 기분으로 돌아가 깨끗이 사과를 하는 염파의 과감하고 솔직한 태도야말로 길이 우리의 모범이 아닐 수 없다.

## ❸ 三年不飛又不鳴 (삼년불비우불명)

叁年不飞又不鸣

석 三 해 年 아닐 不 날 飛 또 又 울 鳴

큰 뜻을 펼칠 날을 기다림.

「3년 동안 날지도 않고 울지도 않는다」 라는 뜻으로, 큰 뜻을 펼칠 날을 기다리는 것을 비유한 말. 또한 활동해야 할 사람이 활동을 하지 않는 것을 가리켜 말하게 된다.

초장왕

《여씨춘추(呂氏春秋)》에 있는 이야기다.

오패(五霸)의 한 사람인 초장왕(楚壯王)은 왕이 된 지 3년이 되도록 정치에는 관심이 없고 술과 여자와 춤과 노래만을 즐기고 있었다. 이를 말리는 신하들의 간섭이 귀찮아진 장왕은 그가 있는 방 앞에, 「감히 간하는 사람이 있으면 죽음을 당하리라(敢諫者死)」는 현판까지 걸어두었다.

이를 보다 못한 성공가(成公賈)가 좋은 꾀를 생각해냈다.

성공가가 들어오는 태도를 바라보고 있던 장왕은 「간하는 사람은 죽는다는 현판을 보지 못했는가? 아니면 술을 마시고 싶어 들어왔는가, 음악이 듣고 싶어 들어왔는가?」하고 선수를 쳤다.

「신은 간하러 온 것이 아니라 수수께끼를 하나 들려드리러 왔습니다」

「그래 어디 말해 보게」

「남쪽 언덕에 새가 한 마리 날아와 앉았는데 3년이 되도록 꼼짝도 하지 않으며, 나는 일도 없으며, 우는 일도 없으니 이 새가 대관절 무슨 새이겠습니까?」

「3년을 움직이지 않는 것은 뜻을 굳히기 위해서다. 날지 않는 것은 날개가 완전히 여물어지기를 기다리고 있는 것이다. 울지 않는 것은 백성들이 어떻게 하는지를 지켜보기 위한 것이다. 이 새가 한 번 날면 하늘에 닿을 것이요, 한번 울면 사람을 놀라게 할 것이다. 알았으면 물러가 있게. 그건 나도 알고 있으니까」

장왕은 그 동안 누가 간신이고 누가 충신인지를 다 알고 있었고, 정치를 어떻게 해야만 되리라는 것도 다 알고 있었다. 그가 자리를 박차고 일어나 숙청을 단행하고 선정을 베풀자 모든 착한 신하와 백성들은 놀라며 기뻐했다. 이리하여 그의 말대로 하늘을 나는 기세로 천하를 횡행하여 세상을 놀라게 하는 패업을 이룩했던 것이다.

《사기(史記)》 골계열전(滑稽列傳)에 있는 이야기다.

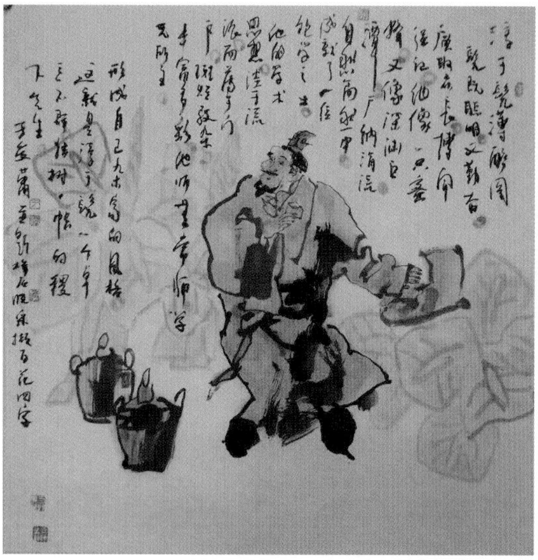
순우곤

제나라 위왕(威王) 때의 일이다. 위왕은 수수께끼 풀기를 좋아했고, 음탕하게 놀며 밤새도록 술 마시기를 즐겼다. 술에 빠져 나랏일을 돌보지 않고 정치를 경과 대부들에게 맡겼다. 문무백관들의 질서는 문란해졌고, 제후들이 한꺼번에 침략하여 나라의 존망이 조석에 놓이게 되었다. 그런데도 주위 신하들 가운데 감히 간언하는 자가 없었다.

이때 순우곤이 왕에게 수수께끼로 빗대어 이렇게 말했다.

「나라 안에 큰 새가 있는데, 대궐 뜰에 앉아서 3년 동안이나 날지도 않고 울지도 않고 있습니다. 대왕께서는 이 새가 무슨 새인지 아십니까?(三年不飛又不鳴 王知此鳥何也)」

왕이 대답했다.

「이 새는 날지 않으면 몰라도 한번 날면 하늘에 치솟아 오르고, 울지 않으면 몰라도 한번 울면 사람들을 놀래게 만든다(不飛則已 一飛沖天 不鳴則已 一鳴驚人)」

그래서 위왕은 각 현의 현령과 현장(縣長) 72명을 조정으로 불러들여, 그 중에서 한 사람을 상주고 한 사람을 사형에 처했다. 그런 뒤에 군사를 일으켜 출정했다. 제후들은 크게 놀라 그 동안 침략해서 차지했던 제나라의 땅을 모두 돌려주었다. 그 뒤로 제나라의 위엄이 36년간이나 떨쳐졌다.

## ❹ 以佚待勞(이일대로) 以佚待劳 써 以 편안할 佚 기다릴 待 피로할 勞

편안히 휴식을 취해 전력을 비축한 뒤 피로해진 적을 상대하는 전략.

「이일대로」는, 적과 싸울 때 이쪽을 편안히 쉬게 하여 상대가 지치기를 기다린다는 뜻이다. 군쟁편 원문의 내용을 소개하면 다음과 같다.

「아침은 기운이 왕성하고, 낮은 기운이 누그러지고, 저물면 완전히 기운이 떨어지고 만다. 그러므로 싸움을 잘하는 사람은 상대방의 기운이 왕성한 때를 피하고, 누그러지거나 떨어졌을 때 공격한다. 이것은 적의 사기를 이용하는 방법이다. 질서 있는 군대로써 적의 혼란한 시기를 기다리고, 냉정한 태도로써 적의 경솔한 행동을 기다린다. 이것은 적의 심리를 이용하는 방법이다. 우리 군대를 싸움터 가까이 대기시켜 두고 적이 멀리서 쳐들어오기를 기다리며, 이쪽은 편히 쉬게 하여 적이 지치기를 기다리고, 이쪽은 충분한 군량을 확보해 두고 적의 식량 부족으로 굶주리기를 기다린다. 이것은 힘을 이용하는 방법이다. 그러므로 깃발

이 질서정연한 적을 맞아 싸우는 일을 피하고, 기세당당한 진을 치고 있는 적을 공격하는 일은 피한다. 이것은 적의 상황 변화를 기다려 승리를 얻는 방법이다」

이상이 「이일대로」가 들어 있는 군쟁편의 내용인데, 이 「이일대로」의 전술을 제6편 허실(虛實)에서는 다음과 같이 말하고 있다.

「무릇 먼저 싸움터에 있으면서 적을 기다리는 사람은 편하고, 뒤에 싸움터에 있어서 싸우러 가는 사람은 괴롭다. 그러므로 싸움을 잘하는 사람은 남을 내게로 끌어들이고, 내가 남에게 끌려 다니지 않는다」

손자 화상(畵像)

결국 주도권을 장악하는 것이 중요함을 말한 것이다.

## ❺ 吐哺握髮 (토포악발)

吐哺握髮 토할 **吐** 먹을 **哺** 잡을 **握** 머리카락 **髮**

민심을 수람(收攬)하고 정무를 보살피기에 잠시도 편할 날이 없음. 또 훌륭한 인물을 잃는 것을 두려워함.

은나라의 포악한 주(紂)왕을 폐하고 주(周)왕조를 연 무왕은 나라를 잘 다스리기 위해 밤낮없이 고심하다가 건강을 해쳐 병상에 눕더니 상(商)나라를 토벌한 지 몇 년 만에 세상을 떠나고 말았다. 그의 뒤를 이어

주공단

태자 송(誦)이 제위에 올랐으니, 이가 곧 성왕(成王)이다. 그러나 성왕은 아직 어렸고 천하는 여전히 불안한 상태였기 때문에 무왕의 아우이며 성왕의 삼촌인 주공이 섭정을 하였다.

그런데 주공의 동생 관숙과 채숙이 주왕의 아들 무경(武庚)과 손잡고 반란을 일으켰다. 주공은 난을 평정하고 나서 성왕의 친정을 선포하고 자신은 성왕의 신하이며 스승으로서 관제를 제정하고 예악을 일으켜 나라의 기반을 다졌다. 성왕은 주공의 아들 백금(伯禽)을 노(魯) 지방의 제후로 봉해서 다스리게 했다.

백금이 임지로 떠나는 날, 아버지를 뵙고 작별인사를 하자, 주공은 아들에게 백성들을 아끼고 잘 다스리라는 당부의 말을 하면서 남긴 훈계 가운데 오늘날 우리에게 널리 알려진 성구가 바로 「토포악발」이다.

「한번 머리를 감을 때 세 번 머리카락을 감싸 쥐고 나가 손님을 맞이하고, 한번 식사를 할 때 손님이 오면 세 번 음식을 뱉어내면서까지 나가 맞이하라(一沐三握髮 一飯三吐哺)」

주공은 이렇게 손님이나 현자를 정성으로 맞이하면서도 혹시 자신의 정성에 부족한 것이 있어 그들의 신의를 잃을까 염려했다고 한다.

## ❻ 去其枝葉 (거기지엽)　去其枝叶　갈 **去** 그 **其** 가지 **枝** 잎 **葉**

사물의 가장 중추가 되는 부분을 제거함.

「가지와 잎을 제거한다」는 뜻으로, 사물의 원인이 되는 것을 없앤다는 말. 사물이나 현상의 원인이 되는 부분, 즉 가장 중추가 되는 부분을 제거하는 것을 의미한다.

춘추시대(春秋時代) 8국의 역사를 나라별로 서술한 《국어(國語)》 진어(晉語)에 나오는 말이다.

진(晉)나라 평공(平公)이 양필(陽畢)에게 전란을 피하려면 어떻게 해야 하는지 물었을 때 양필은 이렇게 말했다.

「사물의 현상의 발달은 우뚝 솟은 큰 나무와도 같습니다. 가지와 잎이 자라면 밑뿌리도 굵어지고 무성해집니다. 이렇게 해서는 세상의 혼란이 그치지 않습니다. 그런데 지금, 가령 큰 도끼로 가지와 잎을 쳐내고, 그 밑동을 잘라 버린다면 얼마 동안은 평화를 유지할 수 있을 것입니다(本根猶樹 枝葉益長 本根益茂 是以難已也 今若大其柯 去其枝葉 絶其本根 可以少間)」

왕양명

사물이나 현상의 발단이 되는 부분을 완전히 없애는 것을 말한다. 나무를 뿌리째 뽑고 물의 근원을 없앤다는 뜻으로, 폐단의 근본 원인을 모조리 없앤다는 뜻의 「발본색원(拔本塞源)」과 비슷한 말이다.

명(明)나라의 왕양명(王陽明)은 그의 저서《전습록(傳習錄)》에서 발본색원론(拔本塞源論)을 이야기하였다. 그가 말하는 발본색원의 취지는 한 마디로 하늘의 이치를 알고, 사람들은 그 욕심을 버리라는 것으로, 사사로운 탐욕은 그 근원부터 없애고 근원을 철저히 차단하는 데 있다는 것을 의미한다. 우리나라에서 발본색원은 부정부패 척결, 범죄 조직 소탕 등과 같은 주로 사회의 암적인 면을 뿌리째 뽑아 재발을 방지하는 데 인용된다.

## 패 군 지 장 불 언 용
## ❼ 敗軍之將不言勇 敗軍之將不言勇

패할 **敗** 군사 **軍** 의 **之** 장수 **將** 아니 **不** 말씀 **言** 날랠 **勇**

싸움에 진 장수는 용기를 말하지 않는다는 뜻으로, 실패한 사람은 나중에 그 일에 대해 구구하게 변명하지 않는다는 말. 아무리 용기가 있어도 싸움에 진 이상 자랑할 조건이 되지 못한다. 「종로에서 빰 맞고 한강에 가서 눈 흘긴다」는 식이 되고 말기 때문이다.

이 말은《사기》회음후열전에 있는 광무군 이좌거(李左車)가 인용한 말이다.

한신(韓信)이 대군을 이끌고 조(趙)나라 군사와 결전을 치를 때의 일이다. 이때, 광무군 이좌거(李左車)는 성안군(城安君)에게 3만의 군대를 자기에게 주어 한신이 오게 될 좁은 길목을 끊게 해달라고 요구했다. 그러나 성안군은 「군자는 불의(不義)의 방법으로 싸워서는 안 된다」며 이좌거의 말을 듣지 않고, 한신의 군대가 다 지나오기만을 기다리고 있다가 패해 죽고 말았다.

이좌거의 말대로 했으면 한신은 감히 조나라를 칠 엄두조차 낼 수 없었다. 한신은 간첩을 보내 이좌거의 계획이 뜻대로 이뤄지지 않은 것을 알고 비로소 군대를 전진시켰던 것이다.

한신은 조나라를 쳐서 이기자 장병에게 영을 내려 광무군 이좌거를 죽이지 말 것과, 그를 산 채로 잡아오는 사람에게 천금 상을 줄 것을 약속했다.

이리하여 이좌거가 포박을 당해 한신 앞에 나타나자, 한신은 손수 그를 풀어 상좌에 앉히고 스승으로 받들었다. 그리고 그가 사양하는 것도 불구하고, 굳이 앞으로 어떻게 하면 좋겠는가를 물었다. 그러자 그는,

「싸움에 패한 장수는 용기에 대해서 논하지 않는 법(敗軍之將不可以言勇)」이라며 입을 열지 않았다.

이에 한신은 다음과 같이 말했다.

「듣기로는, 백리해(百里奚)라는 현인이 우(虞)나라에 있었을 때 우나라는 망했지만 그가 진(秦)나라에 있을 때에는 진나라가 패자(霸者)가 되었다고 합니다. 그것은 백리해가 우나라에 있을 때에는 어리석었다가 진나라로 가서는 현명해졌기 때문이 아닙니다. 그 임금이 그를 등용했는지의 여부에 달려 있을 뿐인 것입니다. 만약 성안군이 당신의 계책을 따랐다면 지금쯤은 내가 장군의 포로가 되었을 것입니다. 다행히 장군의 계책을 쓰지 않아 이렇게 장군에게 가르침을 청할 기회를 얻게 된 것입니다. 진심으로 장군의 가르침을 따르겠습니다. 사양하지 마십시오」

그러자 한신의 말에 탄복한 이좌거는 이렇게 말했다.

「나는 들으니 지혜로운 사람이 천 번 생각하면 반드시 한 번 잃는

일이 있고, 어리석은 사람이 천 번 생각하면 반드시 한 번 얻는 것이 있다고 했습니다(智者 千慮必有一失 愚者千慮必有一得). 그러기에 말하기를, 미친 사람의 말도 성인이 택한다고 했습니다. 생각에 내 꾀가 반드시 쓸 수 있는 것이 못되겠지만, 다만 어리석은 충성을 다할 뿐입니다」

한신으로 하여금 연나라와 제나라를 칠 생각을 말고 장병들을 쉬게 하라고 권했다. 결국 한신은 이 이좌거의 도움으로 크게 성공을 하게 된다.

## ❽ 斷腸(단장) 断肠

끊어질 **斷** 창자 **腸**

몹시 슬픈 나머지 창자가 끊어지는 듯함. 애끊는 마음.

단장의 슬픔 등, 우리는 「단장(斷腸)」이란 말을 많이 쓴다. 단장은 창자가 끊어진다는 말이다. 우리말에 애가 탄다는 말이 있다. 이 「애」는 옛말로 창자를 뜻한다. 애가 탄다는 것은 물론 탈 것 같다는 말의 과장이다. 그러나 이 창자가 끊어진다는 것이 과장이 아닌 사실의 기록으로 전하고 있다.

《세설신어》에 있는 이야기다.

오호십육국시대(五胡十六國時代) 동진(東晋)의 정치가이자 장수 환온(桓溫)이 촉(蜀)을 정벌하기 위해 여러 척의 배에 군사를 나누어 싣고 가는 도중 양자강의 상류인 삼협(三峽)을 지나치게 되었다. 이곳은 사천성과 하북성의 경계를 이루는 곳으로 중국에서도 험하고 아름답기로 유명한 곳이다.

삼 협

이곳을 지나면서 한 병사가 새끼원숭이 한 마리를 잡아왔다. 그러자 어미 원숭이는 새끼를 잃고 슬피 울며 언덕을 따라 백여 리를 뒤쫓아 온 뒤에 마침내는 배 안으로 뛰어들어 그 길로 숨이 끊어지고 말았다. 죽은 어미 원숭이의 배를 가르고 속을 들여다보았더니, 창자가 토막토막 끊어져 있었다. 아마 슬픔의 독소로 창자가 녹아내린 것이리라.

자식을 잃은 슬픔이 창자를 끊은 것이다. 배 안의 사람들은 모두 놀라고, 이 말을 전해들은 환온은 새끼원숭이를 풀어주고 그 원숭이를 잡아왔던 병사를 매질한 다음 내쫓아버렸다.

또 당(唐)나라 시인 백거이(白居易)도 「장한가(長恨歌)」에서 양귀비를 그리워하는 현종(玄宗)의 심정을 이렇게 읊고 있다.

촉 땅의 강물 푸르고 산 빛마저 푸른데
임금의 비통한 심정 밤과 낮으로 이어지네
행궁에서 보는 달은 마음을 아프게 하고
밤비에 울리는 풍경소리는 간장을 에는 듯하네

蜀江水碧蜀山靑　촉강수벽촉산청
聖主朝朝暮暮情　성주조조모모정
行宮見月傷心色　행궁견월상심색

백거이

夜雨聞鈴腸斷聲　야우문령장단성

이렇듯 단장은, 그것이 부모 자식 간이든 연인 간이든 친구 간이든 창자가 끊어질 정도로 슬픈 이별의 아픔을 나타낸다.

(*여기에 게재된 모든 고사성어는 명문당 간 《컬러판 고사성어대사전》에서 추록한 것이다.)

— 千字文나무 ❼ 끝 —

# 색인

고사성어가 열리는
천자문 나무 ❼

★

초판 인쇄일 / 2016년 11월 02일
초판 발행일 / 2016년 11월 07일

★

엮은이 / 팬더 컬렉션
펴낸이 / 김동구
펴낸데 / 明文堂
창립 1923. 10. 1
서울특별시 종로구 윤보선길 61(안국동)
우체국 010579-01-000682
☎ (영업) 733-3039, 734-4798
(편집) 733-4748 FAX. 734-9209
H.P. : www.myungmundang.net
e-mail : mmdbook1@hanmail.net
등록 1977. 11. 19. 제 1-148호

★

ISBN 979-11-85704-86-9 04910
ISBN 979-11-85704-48-7 04910 set

★

낙장이나 파본은 구입하신 서점에서 교환해 드립니다.

★

값 12,000원

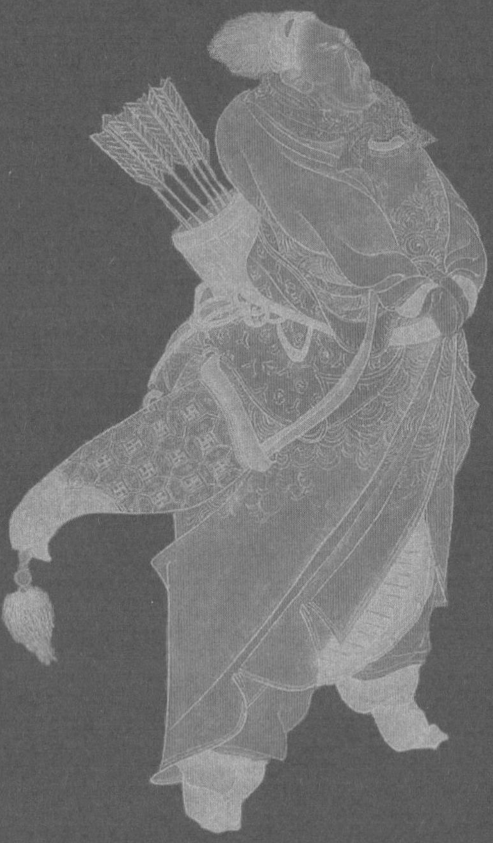

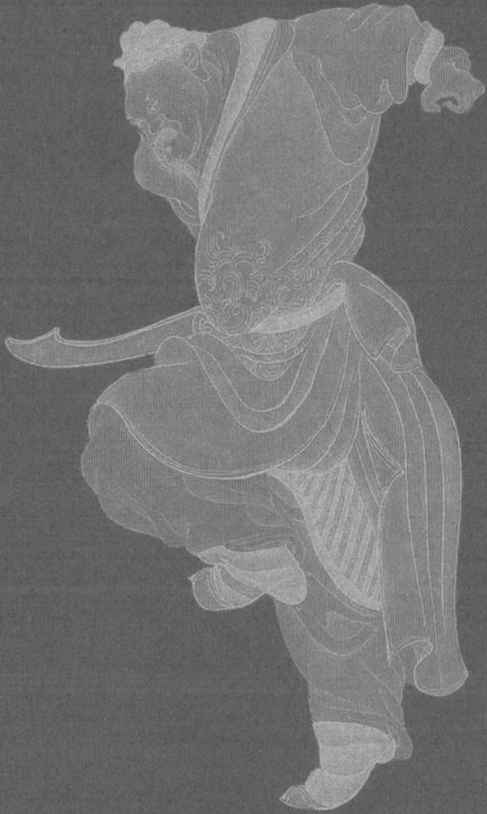